男子篮球运动员体能特征和评估体系的科学化研究

赵 亮◎著

吉林出版集团股份有限公司
全国百佳图书出版单位

图书在版编目（CIP）数据

男子篮球运动员体能特征和评估体系的科学化研究 / 赵亮著 . -- 长春 : 吉林出版集团股份有限公司 , 2023.6
　　ISBN 978-7-5731-3929-0

　　Ⅰ . ①男… Ⅱ . ①赵… Ⅲ . ①男性—篮球运动—运动员—体能—研究 Ⅳ . ① G841.25

中国国家版本馆 CIP 数据核字（2023）第 126846 号

男子篮球运动员体能特征和评估体系的科学化研究
NANZI LANQIU YUNDONGYUAN TINENG TEZHENG HE PINGGU TIXI DE KEXUEHUA YANJIU

著　　者	赵　亮
责任编辑	关锡汉
封面设计	李　伟
开　　本	710mm×1000mm　　1/16
字　　数	215 千
印　　张	12
版　　次	2024 年 1 月第 1 版
印　　次	2024 年 1 月第 1 次印刷
印　　刷	天津和萱印刷有限公司
出　　版	吉林出版集团股份有限公司
发　　行	吉林出版集团股份有限公司
地　　址	吉林省长春市福祉大路 5788 号
邮　　编	130000
电　　话	0431-81629968
邮　　箱	11915286@qq.com
书　　号	ISBN 978-7-5731-3929-0
定　　价	71.00 元

版权所有　翻印必究

作者简介

赵亮,毕业于天津体育学院,体育学博士,现就职于山东体育学院,讲师、硕士研究生导师,中国体育科学学会体能训练分会副秘书长,主要教授"体能训练理论与方法""体能训练专项理论与方法""现代体能训练理论与方法"(硕士研究生课程)等课程,曾获山东省社会科学优秀成果一等奖、全国体育科学大会青年优秀论文奖;在《体育科学》《北京体育大学学报》《天津体育学院学报》《武汉体育学院学报》《山东体育学院学报》等期刊发表论文10余篇,出版专著1部;参与完成国家社科基金项目、全国教育科学规划项目、北京市哲学社会科学项目、山东省社会科学规划项目、山东省教学改革项目等10余项;曾作为体能教练和科研教练服务于国家队和省队。

前　言

《体育强国建设纲要》提出：加强国际交流与合作，强化科技助力，提高"三大球"训练、竞赛的科学化水平。科技助力离不开科学的理论，因此需要学者针对理论问题不断地深入研究和探索。

研究证明，体能是运动员竞技能力的重要组成部分，是运动员在比赛中长时间、高效地发挥技战术的基础。因此，需要从青年阶段开始有针对性地进行体能训练。随着篮球运动的发展，运动员的位置划分出现了"分工明确"与"位置模糊"的对立统一现象，这也对篮球运动员的长期发展和体能训练的科学性和针对性提出了更高的要求。随着优秀篮球运动员综合能力和竞技水平的不断提高，越来越多的明星运动员可以在场上胜任多个位置。当前，国外已经有研究按"内线、外线"的分类方式研究不同位置运动员的专位体能特征。与此同时，NBA的全明星赛运动员代表投票也采用了内线、外线的"位置模糊"分类方式。如何理解、认识和把握这种现象和趋势，成为一个重要的理论问题。

本书系统梳理了国内外篮球运动员体能特征和评价的相关研究，从规则、技战术等视角对"位置模糊"现象的本质特征和内在需求进行全面分析和系统阐述，以我国优秀青年男子篮球运动员为样本，以国内外篮球运动员的专位特征为理论基础，构建了篮球运动员专位体能评价体系，为教练员实施更加科学、有效的选材和体能训练提供了更加完备的理论基础和操作方案。

在撰写本书过程中，作者得到博士导师和多位专家、学者的帮助，历经4年完成了此书。鉴于本人水平有限，书中不免存在值得商榷的观点或疏漏之处，敬请各位读者批评指正，本人深表感谢！

赵亮

2023年4月

目 录

摘　　要 ·· 1

第一章　绪　论 ··· 1
第一节　研究背景 ·· 1
第二节　问题的提出 ·· 4
第三节　研究的主要任务 ·· 5
第四节　该领域的国内外研究现状 ·· 6

第二章　研究对象与方法 ··· 21
第一节　研究对象 ·· 21
第二节　研究方法 ·· 21

第三章　研究结果与分析 ··· 37
第一节　篮球运动员专位体能评价与诊断的理论基础 ·············· 37
第二节　我国优秀 U19 男子篮球运动员体能特征研究 ············ 79
第三节　我国优秀 U19 男子篮球运动员专位体能评价体系的构建 ········ 101
第四节　我国优秀 U19 男子篮球运动员专位体能诊断方法的研究 ········ 147

第四章　结论与建议 ··· 162
第一节　结论 ·· 162
第二节　建议 ·· 163

参考文献 ·· 165

摘　　要

体能是运动员竞技能力的重要组成部分,是运动员在比赛中长时间、高效地发挥技战术的基础。在实践层面,我国篮球运动员存在的"体能短板"问题亟待解决,并且需要从青年阶段开始有针对性地进行体能训练、恶补"体能短板"。篮球运动发展出现的"位置模糊"现象对篮球运动员的长期发展和体能训练的科学性和针对性又提出了更高的要求。在研究层面,针对运动员比赛中的体能需求的定性研究和青年组运动员的体能特征的定量研究居多,但是缺乏与同年龄、近似年龄国外优秀运动员的数据对比和分析。

因此,本研究希望在分析篮球项目特征和不同位置篮球运动员体能特征的基础上,进一步认识我国优秀 U19 男子篮球运动的体能特征和存在的短板,建立我国优秀 U19 男子篮球运动员专位体能评价体系,帮助教练员较为科学、客观地诊断我国不同位置优秀 U19 男子篮球运动员的体能现实状态,从而制定符合运动员专位体能需求和个性化的体能训练计划,有针对性地解决体能短板问题。本研究通过文献法、访谈法、问卷调查法、测试法、逻辑分析法和数理统计法得出以下结论:

第一,篮球项目的特征和发展趋势决定了篮球运动员的体能训练需要以提高有氧、无氧工作能力,强化力量、速度、灵敏度、耐力素质和预防下肢损伤为主要目标。而内线运动员和外线运动员的技战术特点和比赛中承受的负荷明显不同,因此,与传统的位置分类方式相比,使用"内线、外线"分类方式便于区分不同位置运动员的负荷、技战术特点和体能特征,从而实施符合运动员专位体能需求的训练。

第二,我国优秀 U19 男子篮球运动员体能特征主要表现为:前 8 名组运动员各项体能指标均好于后 8 名组运动员,前 8 名组的内线运动员的有氧、无氧能力和上、下肢力量明显好于后 8 名组的内线运动员。内线运动员和外线运动员具有明显不同的形态和机能特征，具体表现在长度、充实度和有氧、无氧能力指标上。内线运动员具有上、下肢力量强的特征，外线运动员具有下肢爆发力、核心稳定力量、速度和灵敏素质好的特征。与同龄、近似年龄的国外优秀运动员相比，我国优秀 U19 男子篮球运动员的体能短板主要表现在充实度、有氧能力、上肢力量和耐力指标上。教练员应根据以上专位体能特征和存在的问题进行有针对性的训练。

第三，本研究构建了由"评价指标、指标权重和评价标准"组成的我国优秀 U19 男子篮球运动员专位体能评价体系，确定了内线运动员专位体能评价指标 10 项，外线运动员专位体能评价指标 11 项；通过因子分析和归一化处理确定评价指标的权重；根据体育测量与评价原理建立了不同位置运动员的评分评价标准和等级评价标准，评分标准经回代检验显示能够很好地反映我国 U19 优秀男子篮球运动员的体能水平。在此基础上发现：共性特征方面，运动素质是影响体能水平的关键指标，速度、柔韧和上肢力量是影响运动素质的关键指标；专位特征方面，躯干（核心）力量、下肢力量和充实度是影响内线运动员体能水平的关键指标，下肢爆发力是影响外线运动员体能水平的关键指标。教练员应根据不同位置篮球运动员体能方面的共性特征和专位特征进行体能训练和评估。

第四，以 92 名我国优秀 U19 男子篮球运动员体能评价指标数据建立了专位体能三级指标的优、劣势临界值和目标挑战模型，并且进行了个体态势诊断和差距诊断，结果表明：同一位置的我国优秀 U19 男子篮球运动员之间的身体形态和身体机能指标距离期望值的差距较小，而运动素质指标距离期望值的差距相对较大，运动素质指标的差距主要表现在下肢力量、躯干（核心）力量和柔韧性方面，这较好地反映了运动员现实体能水平和存在的问题，说明我国优秀 U19 男子篮球运动员专位体能模型具备科学性和准确性。教练员应该在体能训练实践中加强下肢力量、躯干（核心）力量和柔韧素质的训练。

第一章 绪 论

篮球最早起源于美国马萨诸塞州,由詹姆士·奈史密斯发明,至今已经发展成为现代奥运会的核心比赛项目。篮球在1896年被天津中华基督教青年会传入中国,随后通过北京、上海基督教青年会得到进一步传播。中国从1975年开始组队参加亚洲男子篮球锦标赛,1978年首次跻身于世界男子篮球锦标赛,1984年奥运会获得男子篮球比赛第十名,1994年获得世界男子篮球锦标赛第八名,此后的成绩是1996年、2004年、2008年奥运会的男篮八强。中国男篮在2014年仁川亚运会取得第五名的成绩,在2016年里约奥运会小组赛5场皆负。近年来,中国男篮在世界大赛中未能再创佳绩的原因众多,但是体能方面的问题最为明显,历任男篮主教练在总结失利原因时都指出了"体能短板"问题。

第一节 研究背景

专项体能训练在竞技运动项目中的作用和重要性日益凸显。运动训练是一项由教练员专门组织的训练活动,主要目的是提高运动员的竞技能力和比赛成绩。随着运动员竞技能力的不断提高,体能在比赛中的作用也越来越突出,它是高效、稳定、持续发挥技战术的基本保障。随着运动员对技术掌握的日渐成熟,体能训练在日常训练中的比重也越来越大。越是高水平的运动员之间的较量,越强调其体能水平的重要性。对不同的运动项目而言,所需要的体能也有各自的要求和侧重。此外,每个运动员的身体状态、特长以及竞技能力水平也是千差万别,因此体能训练是一项专业化、科学化程度较高的工作,既要根据项目特征,又要满足个人需求。随着竞技运动的市场化、专业化趋势,职业体能教练(体能师),即专门指导运动员进行体能训练的专业人员也应运而生。职业体能教练的出现进一步凸显了专项体能训练在竞技运动项目中的重要性。NBA 的传统强队洛杉矶湖人队就专门建设了体能训练房，并配备了体能教练和完善的训练设备[①]，对球队体能训练的重视让洛杉矶湖人队获得了多次 NBA 联赛的总冠军。因此，针对我国篮球运动员体能水平不佳的问题，有必要进行深入的研究和分析，以保障运动员在比赛中取得更好的成绩。

我国男子篮球员运动员的"体能短板"问题亟待解决。对于中国男篮在国际赛场中屡屡失利，并且表现出篮板球保护能力不足、一对一攻防时身体对抗劣势以及第四节时体能明显下降等问题。前中国男篮主教练尤纳斯曾经指出：中国篮球队与国外高水平的球队根本差距就在于体能和对抗能力方面。在篮球比赛中，同等身高的欧美运动员比我们的运动员身体更强壮、力量更大、跳得更高、跑得更快，能长时间的保持高强度的攻防水平，从而在进攻和防守端的技战术运用方面都占据了优势[②]。相比之下，我国篮球运动员在力量、身体对抗和体能储备等方面均表现出"体能短板"问题。这些问题还间接导致我国篮球运动员的损伤发生率偏高，从而影响了运动员竞技能力的提高和保持，使运动员由于伤病原因过早地结束了职业生涯。因此，我国篮球运动员的"体能短板"问题亟待解决。

抓好青年篮球运动员的体能训练是恶补"体能短板"的重要环节。一个国家的篮球运动水平高低受到许多因素的影响，但是青少年篮球后备人才的培养是其中的关键影响因素之一。篮球项目竞技体育后备人才培养工作的效果，直接关系到我国篮球事业可持续发展的战略格局[③]。当前，国际篮联在篮球世锦赛和世界杯的成年比赛之外，还设置了包括 U19 和 U17 篮球世界杯的国际青年篮球赛事。U19 年龄组别是国际上通用的与成年国家队比赛相区分的竞赛组别，这个组别的全国锦标赛和全运会比赛也是考察体制内青年运动员能否有资格升入一线队的重要依据。青年是发展良好身体素质和正确学习技术动作的关键时期，青年篮球运

---

① 叶鹏，谭鹏.对我国篮球运动体能训练的探讨［J］.山东体育学院学报，2008，（11）：75-77.

② 练碧贞，陈金英，李占平.CBA 运动员力量训练安排的研究［J］.北京体育大学学报，2009，32（03）：105-106.

③ 王守恒，都娟，宫鲁鸣，等.我国篮球项目竞技体育后备人才培养发展的战略思考［J］.首都体育学院学报，2013，25（6）：527-535.

动员是攀登世界篮球竞技高峰的希望所在。体能训练不能一蹴而就，为了弥补体能方面的不足，只有在运动员的运动生涯早期就确立具有针对性的目标，并进行较为系统的、全面的体能训练，将来才有可能实现追赶。要想从根本上提高我国篮球运动的竞技水平，青年篮球运动员体能训练的质量就成了推动我国篮球运动发展的关键所在。我国优秀 U19 男子运动员未来都有可能成为专业队运动员，进而成为中国男篮的后备力量。因此，抓好青年篮球运动员的体能训练是恶补体能短板的重要环节。

"位置模糊"现象与"内线、外线"分类对篮球运动员体能训练提出新要求。NBA 教父帕特莱利曾经预言，"未来的篮球冠军阵容一定是五个位置都是身材均在 2.06 米左右、身体灵活、技术全面的球员"[①]。当前，世界篮球的最高殿堂 NBA 所诞生的新霸主——金州勇士队，被越来越多的人认为是印证了帕特莱利预言成真。从传统意义上五个场上位置的划分来讲，中锋与大前锋之间，小前锋、组织后卫和得分后卫之间，在场上功能和作用方面的差异越来越小。美国最著名的高中篮球教练摩根·伍腾在《Coaching Basketball Successfully》(《成功执教篮球》)一书中，将运动员分为以下几种：以面向篮筐进攻为主的运动员统称为外线球员，以背对篮筐进攻为主的运动员称为内线球员。NBA 早在 2007—2008 赛季就出现了"后卫/前锋"、"前锋/中锋"两种"位置模糊"的位置划分方式。在 74 名球员中，前者共计 42 人，约占当年 NBA 球员总数（365 人）的 11.4%，后者共计 32 人，约占当年 NBA 球员总数的 8.7%，这些所谓"位置模糊"的球员共占当年 NBA 球员总数的 20.1%[②]。当今，越来越多的球员能够胜任两个或多个位置。因此可以说，篮球运动员以往的位置划分的方式已经开始被"位置模糊"的球员位置划分方式所取代。与此同时，国外的最新研究指出，不同位置的篮球运动员在比赛中需要承受的运动负荷具有明显差异，与中锋位置的运动员相比，后卫位置的运动员对心肺功能方面的要求高出许多，而前锋和中锋的差异不大。2011 年，已有国外研究开始按"内线、外线"的分类方式研究优秀篮球运动员，发现不同

---

① 练碧贞，陈金英，李占平.CBA 运动员力量训练安排的研究[J].北京体育大学学报，2009，32（03）：105-106.
② 王雷，姚应祥.NBA "位置模糊"球员年龄与身体形态特征分析[J].体育学刊，2008，(09)：93-96.

位置的篮球运动员具有明显不同的形态学和生理学特征[①]。当前，NBA全明星赛已经开始按"内线、外线"的分类方式进行全明星运动员代表的投票。在我国体能训练实践中，各专业篮球队的青年队运动员也是按照"内线、外线"进行分组训练。因此需要我们重新审视篮球运动员的位置划分及其在比赛中所需要的体能，并且研究如何提高不同位置篮球运动员体能训练的针对性。

评价与诊断可以促进对项目特征的认识并检验训练的有效性。运动训练的目的是提高竞技能力和比赛成绩。运动训练过程是运动员竞技能力发展的过程，这个过程的开始和结束通常称为起始状态和目标状态。在运动训练过程的开始，通过评价与诊断来确定起始状态，进而计划和制定训练方案来实现目标状态。在运动训练过程结束时，通过评价与诊断来确定是否达到目标状态。通过多次的评价与诊断，既能检验训练方案的有效性，又能检验对运动项目的性质和特征的认识程度。篮球、足球、橄榄球等同场对抗类项目由于其技战术表现形式繁多，并且在对抗中的变化十分丰富，因此对体能的要求很全面，而且每一方面的标准也很高。因此，对同场对抗类项目特征的认识就比个人项目更复杂，所以必须从多个方面去认识其本质特征。此外，只有尽可能以定量研究方式去认识项目特征和发现其中存在的联系，才能更好把握其本质，从而真正做到提升训练效果。因此，本书以认识篮球运动员比赛中的体能需求为目标，通过科学方法筛选体能指标，并且在对篮球运动员进行体能测试的基础上建立评价与诊断体系，从而促进对篮球项目特征的理解并检验训练效果。

第二节 问题的提出

体能是运动员竞技能力的重要组成部分，是运动员在比赛中长时间、高效地发挥技战术的基础。与欧美篮球运动员相比，我国部分篮球运动员存在力量差、身体相对单薄、对抗能力不足、体能储备不能较好支持长时间高强度攻防和连续多场高强度比赛等"体能短板"问题。解决体能问题，不能一蹴而就，需要从篮

[①] Gocentas A, Jascaniniene N, Stanislaw Poprzęcki, et al.Position-related differences in cardiorespiratory functional capacity of elite basketball players [J]. Journal of Human Kinetics, 2011, 30（1）: 145-152.

球的后备力量抓起，并且长期进行有目标的系统训练。我国优秀 U19 男子篮球运动员在未来将会成为中国男篮的中坚力量，为了解决中国男篮长久以来的"体能短板"问题，实现新的突破，从现在起就要开始有针对性地进行体能训练、恶补"体能短板"。当前，篮球运动发展出现的"位置模糊"现象说明未来优秀篮球运动员的体能既要适应一个位置特有的技战术要求，又要尽可能全面适应功能近似的多个位置，这对篮球员运动员的长期发展和体能训练的科学性和针对性又提出了更高的要求。然而，在国内篮球领域的研究中，针对运动员比赛中的体能需求的定性研究和青年组运动员的体能特征的定量研究居多，并且缺乏与相同或近似年龄国外优秀运动员的数据对比和分析。因此，如何科学指导我国优秀 U19 男子篮球运动员按位置进行有针对性的体能训练，进而在未来解决我国篮球运动员的"体能短板"问题，就成了一个具有重要现实意义和理论价值的问题。

本书希望进一步认识我国优秀 U19 男子篮球运动员的体能特征以及与同龄国外优秀运动员的差距；按"内线、外线"的分类方式建立我国优秀 U19 男子篮球运动员专位体能评价体系。并且通过体能诊断，帮助教练员从定性和定量的角度认识不同位置运动员个体的体能现实状态，进而明确下一步的体能训练目标和重点。

第三节　研究的主要任务

一、研究目的

本书的研究目的如下：第一，认识篮球项目特征和发展趋势所决定的男子篮球运动员体能结构共性特征和专位特征；第二，认识我国优秀 U19 男子篮球运动员的体能特征和体能短板；第三，建立我国优秀 U19 男子篮球运动员专位体能评价体系；第四，对我国优秀 U19 男子篮球运动员进行体能评价和诊断，认识影响我国优秀 U19 男子篮球运动员体能水平的关键指标。

二、研究意义

本书的研究意义如下：第一，进一步认识和把握篮球项目特征、规律和不同位置运动员的体能训练重点，丰富和发展我国体能训练和篮球训练的理论体系；第二，认识我国优秀 U19 男子篮球运动员的体能特征和短板，有助于进一步明确我国男篮存在的"体能短板"问题，为做好我国男篮后备力量体能训练的长期规划指明方向；第三，构建我国优秀 U19 男子篮球运动员专位体能评价体能，可以进一步认识不同位置篮球运动员的体能特征，为运动员选材和制定体能训练计划提供理论参考；第四，认识影响我国优秀 U19 男子篮球运动员体能水平的关键指标，可以为不同位置的篮球运动员进行个性化、针对性的体能训练提供参考，这对提高我国篮球运动员的竞技能力以及体能训练的科学化水平"具有理论指导实践"的意义。

三、研究创新性

本书根据国内外研究成果和篮球项目发展的新趋势，对"专位体能"的概念进行溯源、梳理和界定，对篮球项目特征、发展趋势和篮球运动员体能特征进行了梳理和归纳，在此基础上论证了按照"内线、外线"的位置分类方式认识和实施篮球运动员体能训练的合理性和比较优势。

本书通过实证研究进一步认清我国优秀 U19 男子篮球运动员与同龄、近似年龄国外优秀男子篮球运动员在体能方面存在的差距；按照"内线、外线"的位置分类方式建立了我国优秀 U19 男子篮球运动员专位体能评价体系；通过体能诊断，进一步认识和明确了我国优秀 U19 男子运动员的"体能短板"问题和关键劣势指标，为提高基层篮球运动员体能训练的针对性提供了科学依据。

第四节 该领域的国内外研究现状

一、"体能"概念和构成要素的辨析

"概念是指对某一客观事物本质属性的概括，反映了一个事物区别于另一个事物的特性，是人们认识事物的起点。"[1] 如果对概念的界定没有统一的标准

---

[1] 马佩. 马克思的逻辑哲学探析 [M]. 开封：河南人学出版社，1992：12.

就很容易在使用的过程中产生混乱，因此首先要研究体能的概念。本书以"体能""Physical fitness（身体素质）""体能训练"和"strength and conditioning（强度和调节）""performance（执行）"为主要关键词检索国内外数据库，并查阅大量相关著作，整理不同专家、学者对"体能概念"和"体能构成要素"的不同理解，从而期望更好地厘清体能及其相关概念。以下是按时间序列对国内外相关研究结果进行的梳理。

（一）国内研究观点

从国内对体能及相关概念的使用过程中看，"体能"一词在20世纪80年代之前使用较少，主要指"体力、身体素质（或运动素质）"，到了20世纪80年代以后开始被大量使用。1980年到2005年间，出现了大量对其概念进行辨析和定义的文献，其中具有代表性的观点分为以下几种：

第一，专项耐力（或称抗疲劳能力、体力）即体能。例如，赵志英认为，"体能"是指运动员在专项训练和比赛负荷下，最大限度动员有机体机能能力时对抗疲劳的能力；他认为这种能力可以理解为专项耐力，或者持续从事专项工作的能力[①]。

第二，运动素质（或称身体的运动能力）即体能。例如，1992年版的《教练员训练指南》认为：体能是运动员的机体在运动中所表现出的能力，即运动素质，包括力量、速度、耐力、灵敏和柔韧[②]。

第三，机能和运动素质（或称身体的运动能力）即体能。例如，翁玉泉等指出，身体机能和素质是影响武术运动员成绩的关键体能因素[③]。厉丽玉提出，体能是有机体在遗传获得的基础上，在运动过程中表现出来的机能和运动能力的总称，体能的范畴包括有机体的机能能力和运动素质[④]。

第四，体能包括"非竞技体能"和"竞技体能"。例如，熊斗寅认为"physical fitness""physical ability""physical power"的概念都适用于"体能"的概念，应该根据我国的体育科学实践来界定"体能"的概念，分为"大体能"和"小体能"。

[①] 赵志英.对"体能"的探析[J].北京体育师范学院学报.1999,11（1）：44-46.

[②] 李志诚，北京体育科学学会组织.教练员指南[M].北京：人民体育出版社，1992.

[③] 翁玉泉，徐光辉，邱丕相，等.影响武术运动员成绩的某些体能因素的研究[J].体育与科学.1987,（02）：28-30.

[④] 厉丽玉.略论体能及其训练[J].福建体育科技，1997（1）：40-44.

"大体能"指身体能力，包括身体运动能力、身体适应能力、身体机能和各项身体素质；"小体能"指运动训练中的体能训练和体能性项目等[①]。王兴等认为，广义的体能是指人们进行日常生活所必须具备的相应的基本生活能力，狭义的体能是指人们进行各项体育运动而相应具有的跑、爬、攀、蹬等竞技能力[②]。

第五，体能是人体的基本运动能力，包括身体形态、身体机能和运动素质，其中人体的形态和机能是基础，运动素质是外在表现形式，三者都受遗传、环境、训练等多因素的影响。例如，杨世勇等认为，体能是指运动员机体的运动能力，是竞技能力的重要组成部分，是运动员为提高技战术水平和创造优异运动成绩所必需的各种身体运动能力的综合。这些能力包括身体形态、身体机能和运动素质[③]。2000年、2012年版的《运动训练学》认为，体能是通过力量、速度、耐力、协调、柔韧、灵敏等运动素质表现出来的人体基本的运动能力。体能水平的高低与人体的形态学特征以及人体的机能特征有着密切的联系。在狭义上，运动员的体能水平主要通过运动素质表现出来[④⑤]。

第六，体能包括心理能力（意志品质）。例如，王保成等认为，广义上体能包括有形体能和无形体能，有形体能指身体能力，无形体能指心智能力[⑥]。闫子龙等认为体能是人们在具体实践工作中，为了更好地完成工作所表现出的身体能力，包括生理能力和心理能力。生理能力包括身体运动素质和身体适应能力，心理能力主要强调意志力[⑦]。

第七，体能还包括身体健康（健康水平）。《体育运动词典》中，体能指运动员机体的基本运动能力，是运动员竞技能力的重要组成部分，包括身体形态、身体功能、健康水平和运动素质四个部分[⑧]。金宗强在其研究中把体能训练定义为体能是机体在先天遗传与后天训练的基础上所形成的在各项活动中承受负荷与适

---

① 熊斗寅.浅析"体能"概念[J].解放军体育学院学报.2000,(01)：1-3.
② 王兴,司虎克.体能训练理论与实践科学化探索[J].中国体育教练员,2003（1）：8-10.
③ 杨世勇.现代体能训练研究现状及发展趋势[J].贵州体育科技,2002,（1）：41-42.
④ 田麦久.运动训练学[M].北京：北京人民体育出版社,2000.
⑤ 田麦久,刘大庆.运动训练学[M].北京：人民体育出版社,2012.
⑥ 王保成,匡鲁彬,谭朕斌.篮球运动员体能训练的评价指标与指标体系的研究[J].中国体育科技，2002（02）：4-5, 9.
⑦ 闫子龙,林建棣."体能"辨析[J].上海体育学院学报,2003,（6）：11-13.
⑧ 中国体育科学学会.香港体育学院体育运动词典[M].北京：高等教育出版社,2000.

应环境变化的能力，包括身体形态、身体功能、健康水平和运动素质四个组成部分[1]。

（二）国外研究观点

从国外对体能及相关概念的使用过程中看，国外早期的"体能"主要指"Physical fitness"一词，即代表一般大众的健康体适能。例如，Darling等人认为体能是个体具备的完成日常任务的功能性能力[2]，Karpovich认为体能是在特定环境条件下完成特定身体任务的能力大小[3]，Fleishman认为体能是人体完成某种需要肌肉活动的任务的功能性能力[4]，Clarke认为体能是拥有充沛的精力、从而可以完成日常任务、享受闲暇时光和应对突发事件的能力[5]，Caspersen等认为体能是人体具有的、与完成身体活动有关的一系列特征[6]。

20世纪80年代以后，"physical fitness（体能）"的概念逐步扩大，不仅要求人体具备完成日常活动的能力，还要具备在运动项目中完成相关技术的能力，即从关注人体的机能逐步扩大到竞技体能的内涵。例如，Russell R. Pate通过文献研究发现体能具有多种表达形式，包括"Motor performance（运动表现）""motor fitness（运动适应性）""general motor ability（一般运动能力）""health related physical fitness（和健康相关的体能）""physical fitness（体能）""health fitness（健康体适能）"。通过总结文献，他认为体能的定义主要包括运动表现（motor performance）、体能（physical fitness）和健康相关的体能（health related physical fitness）三个方面的内涵。为了便于体能从业者根据定义进行实际操作，他认为

---

[1] 金宗强. 我国优秀排球运动员专项体能评价体系与诊断方法的研究［D］. 北京：北京体育大学，2004.

[2] Darling R C, Eichna L W.Physical fitness; report of the subcommittee of the Baruch Committee on physical medicine［J］.Journal of the American Medical Association，1948，136（11）：764–767.

[3] Karpovich P V.Physiology of muscular activity［M］.Saunders，1959.

[4] Fleishman E A.The structure and measurement of physical fitness［M］.Prentice–Hall，1964.

[5] Clarke H H.Application of Measurement to Health and Physical Education.Fifth Edition［M］. Prentice–Hall，1959，33（1）：98–99.

[6] Caspersen C J, Powell K E, Christenson G M.Physical activity, exercise and physical fitness: Definitions and distinctions for health–related research［M］.Public Health Reports，1984，100（2）：126–131.

体能和健康相关的体能的内涵应该合并为一个概念，因此体能的基本内涵是"充满活力的完成日常活动的能力"，其特征是"发展成运动功能衰退的风险很低"；而体能所包含的最广义的内容是"在运动项目中完成相关技术和活动的能力"[①]。Bud Getchell从内、外两个方面对体能进行了分类，即心肺机能和肌肉功能，认为体能的构成要素包括肌肉、力量、柔韧性、心肺耐力、身体组成、代谢能力等[②]。

2000年以后，国外研究出现了以skill-related fitness（与技术有关的体能）、performance（性能卓越）、strength and conditioning（强度和调节）等词来表述运动员体能的概念。国外对体能的概念没有统一的共识，其区别主要在体能的构成要素的界定方面。例如Corbin等认为，体能是人体所具有与完成身体活动能力有关的一组特征，它是一个多维度且分层次的概念，包括生理的体能（physiological fitness）、与健康有关的体能（health-related fitness）以及与技术有关的体能（skill-related fitness）三个部分。生理的体能包括形态方面（morphological）、代谢能力方面（metabolic）和骨骼完整性方面（bone integrity）等；与健康有关的体能包括体成分方面（body composition）、心血管能力、柔韧性、肌肉耐力和肌肉力量；与技术有关的能力包括灵敏、协调、平衡、爆发力、速度、反应时[③]。

从国外体能训练书籍对体能训练内容的界定看，身体机能和运动素质方面训练是体能训练的主要内容，包括：有氧能力、无氧能力、力量、爆发力、速度、灵敏、耐力、核心稳定性（核心稳定力量）的训练。例如，Foran认为体能训练包括基础体能训练和专项体能训练两部分，基础体能包括柔韧性训练、力量和耐力训练、爆发力训练、快速反应能力训练、三维平衡和核心稳定训练、灵敏和协调训练、加速能力及速度训练、有氧耐力训练，专项体能包括结合专项技术的体能训练、损伤的康复[④]。Gamble认为体能训练包括：力量训练、代谢能力（metabolic conditioning）、爆发力训练、灵敏和速度训练、核心稳定训练、预

---

① Pate R R.The evolving definition of physical fitness［J］.1988，40（3）：174–179.
② 李志诚．北京体育科学学会组织．教练员训练指南［M］.北京：人民体育出版社，1992.
③ Corbin C B，Pangraz R P，Franks B D.Definitions：Health，Fitness，and Physical Activity［J］. Presidents Council on Physical Fitness and Sports Research Digest，2000：11.
④ Foran B.High performance sports conditioning［M］.Human Kinetics，2001.

防损伤的训练，其中的代谢能力包括有氧代谢能力和无氧代谢能力，表现为持续有氧工作能力、有氧间歇工作能力、高强度无氧间歇工作能力或重复冲刺能力[1]。Rhodri S. Lloyd 认为体能训练应该包括力量和爆发力训练、代谢能力训练、柔韧性或活动度（mobility）的训练[2]。

结合国内外对体能的概念和构成要素的观点，本书认为："体能"通常指的是从事运动专项的人所需具备的身体能力，它在运动过程中表现出来，受遗传、环境、训练等多因素的影响。人的身体形态和身体机能是表现体能的物质基础，运动素质的展示是体能的外在表现。心理能力好或意志品质顽强的人能更好地发挥出自己的全部体能，但是心理能力应该和体能同属于竞技能力的组成部分，且对技术能力、战术能力的发挥起重要作用，但是从"体能训练"的角度来看，体能训练对提高心理能力的作用十分有限，因此体能不包含心理能力。身体健康（或称健康水平）不是体能的一部分，而是体能训练的效果之一[3]，或者说体能是身体健康的影响因素之一，它可以通过形态、机能和运动素质表现出来。从医学或物理治疗学的角度看，肌肉的围度、肌肉含量、左右肢体围度的对称性等身体形态方面的测试指标都可以反映出人的健康水平和损伤风险，左右肢体围度或肌肉含量差距较大是力量不均衡的表现，有关运动损伤的研究认为下肢力量不均衡的运动员的损伤风险比下肢力量均衡的运动员的损伤风险更高。此外，人们可以从血红蛋白、睾酮、反应时间等机能指标中认识和发现运动员的机能状态和疲劳程度，并以此为依据提示教练员和运动员注意预防损伤和调整训练计划。综上所述，体能水平的提高具有促进健康、预防损伤的作用。

二、篮球运动员体能构成要素的研究

（一）篮球运动员身体形态

现有研究显示，对于篮球运动员身体形态方面的研究主要涉及身高、体重、

---

[1] Gamble P.Strength and Conditioning for Team Sports［M］.Routledge，2012.
[2] Lloyd R S，Oliver J L.Strength and conditioning for young athletes：science and application［M］. Routledge，2014.
[3] 田麦久，董国珍，徐本力，等.体育院校通用教材，运动训练学［M］.北京：人民体育出版社，1999.

克托莱指数、体重指数、体脂、皮脂厚度，少部分研究涉及臂展、大臂围、小臂围、大腿围、小腿围等人体形态学指标[1][2]。对篮球运动员身体形态的研究通常按运动员的场上位置、联赛等级和竞技水平进行分组，通过比较认识不同位置、水平运动员的身体形态特征和差异。

Yusuf Köklü（尤瑟夫）等对45名土耳其职业联赛的篮球运动员（Division 1 联赛22名，Division 2 联赛23名）的身体形态进行了研究，结果显示：按照联赛等级分类，第一等级联赛的篮球运动员与第二等级联赛的篮球运动员相比，平均身高更高、平均体重更大、体脂百分比更低，但是不存在显著性差异；按照场上位置分类，后卫与前锋和中锋在身高方面存在显著性差异，中锋与后卫和前锋在体重方面存在显著性差异[3]。

Alejandro Vaquera（亚历杭德罗·瓦奎拉）等对110名西班牙职业篮球运动员（包括ACB联盟24人，LEB联盟20人，EBA联盟22人，U18国家队20人和U20国家队24人，中锋共计41人，前锋共计48人，后卫共计21人）的身体形态进行了研究，发现不同联盟以及国家队在体重、身高和皮脂测量方面没有显著性差异，当按不同位置进行统计时，不同位置的运动员在身高、体重、皮脂分布和围度方面存在差异[4]。

Miran Pehar（米兰·佩哈尔）等对110名（Division 1 联赛58人，Division 2 联赛52人）高水平篮球运动员的身材形态进行了研究，结果显示：按联赛级别分类，Division 1 联赛的运动员比 Division 2 联赛的运动的身高更高、手足间距更大、体重更大，且体脂百分比更低，但是体脂百分比不存在显著性差异；按中锋、前锋、后卫的位置分类，三个位置的运动员在身高、手足间距、体重方面均存在

---

[1] 陈颇.2006—2007赛季NBA运动员年龄、球龄与身体形态特征分析[J].中国体育科技，2007，43（4）：88–94.

[2] Pojskic H, Separovic V, Muratovic M, et al.Morphological differences of elite Bosnian basketball players according to team position [J].International Journal of Morphology, 2014, 32（2）：690–694.

[3] Köklü Y, Alemdaroğlu U, Koçak FÜ, et al.Comparison of chosen physical fitness characteristics of Turkish professional basketball players by division and playing position [J]. Journal of Human Kinetics, 2011, 30（1）：99–106.

[4] Alejandro V, Santiago S, Gerardo VJ, et al.Anthropometric Characteristics of Spanish Professional Basketball Players [J].Journal of Human Kinetics, 2015, 46（1）：99–106.

显著性差异，但是体脂百分比不存在显著性差异[1]。

多数研究将运动员分为"后卫""前锋""中锋"三大类，相关结果表明中锋和前锋运动员在身高、体重等方面明显高于后卫运动员，中锋和前锋运动员的身体形态是否存在差异这个问题当前的研究结果不一。少数研究按五类（"组织后卫""得分后卫""小前锋""大前锋""中锋"）进行划分，仅有一篇国外研究按"内线、外线"进行分组。随着比赛规则的演变以及运动员体能水平的全面提升，"中锋"与"大前锋"，"组织后卫""得分后卫"与"小前锋"之间的场上功能和主要技战术逐渐融合共用，因此也出现了一人可担当多个位置的现象，即"位置模糊"现象。因此，假如将运动员分为内线、外线两大类对我国运动员的身体形态进行研究，会表现出怎么样的特征，哪些指标会表现出显著性差异，值得我们进行研究和检验。

（二）篮球运动员身体机能

现有研究显示，对于篮球运动员身体机能方面的研究主要涉及有氧能力、无氧能力和机能状态。对篮球运动员身体机能的研究通常按运动员的场上位置、联赛等级和竞技水平进行分组，通过比较认识不同位置、水平运动员的身体机能特征和差异。

1. 有氧能力

最大摄氧量、通气量、血红蛋白、长距离跑能够反映篮球运动员的有氧能力[2][3]。最大摄氧量是反映篮球运动员有氧能力的常用指标，通常分为实验室（直接）测试和场地（间接）测试。实验室测试时使用递增负荷的跑台（graded Treadmil）、功率自行车（cycle ergometer）和气体分析仪器。场地测试通过跑动距离间接计算最大摄氧量，使用20米多级折返跑测试（multi-stage 20m shuttle run test）、1型YoYo间歇恢复测试（YO-YO intermittent recovery test Level 1，

---

[1] Pehar M, Sekulic D, Sisic N, et al.Evaluation of different jumping tests in defining position-specific and performance-level differences in high level basketball players [J].Biology of Sport, 2017, 34（3）: 263-272.

[2] 马冀平. 短期高强度训练对优秀篮球运动员有氧耐力的影响 [J]. 体育学刊, 2002, 9（1）: 40-41.

[3] 冯利正, 潘巍. 中美篮球体能训练比较研究 [J]. 中国体育教练员, 2007, （2）: 34-36.

YO-YO IRT1）、2 型 YoYo 间歇恢复测试（YO-YO intermittent recovery test Level 2，YO-YO IRT2）。

Yusuf Köklü 等使用 20 米多级折返跑（20m multi-stage shuttle run test）对 45 名土耳其职业联赛的篮球运动员（Division 1 联赛 22 名，Division 2 联赛 23 名）的最大摄氧量进行了研究，结果显示：按照联赛等级分类，第一等级联赛运动员的平均最大摄氧量高于第二等级联赛的篮球运动员，但不存在显著性差异；按照场上位置分类，后卫与中锋存在显著性差异，而中锋和前锋不存在显著差异。

Audrius Gocentas 等使用气体分析仪对 42 名立陶宛职业联赛的篮球运动员（内线 18 名、外线 24 名）的最大摄氧量进行了研究，研究结果显示外线运动员的最大摄氧量高于内线运动员，且存在显著性差异。

2. 无氧能力

无氧功峰值、无氧功均值、疲劳指数、篮球场变距折返跑（line-drill、或称 suicide run test、或称 high intensity shuttle run test）、4 米 ×17 次折返跑、400 米跑反映篮球运动员的无氧能力[1][2]。篮球运动员无氧能力的测试方法包括 30 秒功率自行车测试 (30s maximal effort)、无氧冲刺跑测试（The running anaerobic sprint test，RAST）。

Haris Pojskic 等使用无氧冲刺跑测试对 55 名（后卫 22 人、前锋 9 人、中锋 14 人）波斯尼亚超级联赛的篮球运动员的无氧能力进行测试，发现后卫和前锋具有更高的无氧功率相对值，中锋具有更高的无氧功率绝对值及无氧工作能力。

3. 机能状态

心率（HR）、血乳酸（BLA）、血尿素氮（BUN）、血红蛋白（Hb）、血清肌酸激酶（CK）、睾酮/皮质醇（T/C）、尿胆原（URO）、主观疲劳度（RPE）是反

---

[1] 王守恒,曾凡量.少年篮球运动员身体机能和素质变化的研究[J].体育科学,2000,20（1）:36-39.
[2] 赵述强.我国青年篮球运动员体能和技术测试评价模型的建立[D].北京:北京体育大学,2014.

映篮球运动员机能状态的指标[1][2][3]。

马玉龙研究了青少年女篮运动员的速度测试成绩与其身体机能测试成绩的相关性，该研究使用了 15 米 ×13 次折返跑、1.5 米强度投篮、1 分钟连续纵跳和半场传接球上篮，以及各项测试后即刻心率、1 分钟后恢复心率和 3 分钟后血乳酸，分别作为反映专项耐力（4 项）和身体机能的测试指标（3 项）[4]。

Daniel M. Berkelmans 等对心率监控在篮球训练中应用进行了综述，该研究发现已有研究成果显示不同位置的运动员的心血管反应明显不同（后卫明显高于前锋和中锋），因此建议篮球教练、体能训练专家和科研人员在心率监控的基础上设计合适的专位（position-specific）训练计划[5]。

Jordan L. Fox 等使用可穿戴设备（OptimEye S5，Catapult，Australia）和主观疲劳度（RPE），研究了半职业篮球运动员在身体代谢训练、专项训练和比赛中的外部负荷（每分钟运动负荷、每分钟移动距离）和内部负荷（RPE、心率）。研究结果显示，半职业篮球运动员的身体代谢训练、专项训练时的负荷皆高于比赛中的负荷，并且认为使用可穿戴设备监控训练和比赛有助于教练员和体能教练更好地安排训练。

在篮球运动员身体机能方面的研究结果显示，有氧、无氧能力是篮球运动员身体机能研究的重点，后卫和中锋在有氧和无氧能力方面存在显著性差异，具体表现为后卫的最大摄氧、无氧功率的相对值皆高于中锋，中锋的无氧阈绝对值皆高于后卫；当按"内线、外线"分组时，外线运动员的有氧能力明显高于内线运动员，说明内线、外线运动员具有明显不同的机能特征。不同位置的篮球运动员

---

[1] 张伟东，熊正英，李振斌.运动训练对优秀男子篮球运动员生理、生化指标影响的研究［J］.体育科学研究，2005，9（1）：86-90.

[2] 周亚林.中国优秀青年男子篮球运动员身体形态与机能状态研究［D］.昆明：云南师范大学，2014.

[3] Fox J L, Stanton R, Scanlan A T.A comparison of training and competition demands in semiprofessional male basketball players［J］.Research Quarterly for Exercise and Sport，2018，89（1）：103-111.

[4] 马玉龙.青少年女篮运动员速度耐力评价方法的研究［D］.福州：福建师范大学，2016.

[5] Berkelmans D M, Dalbo V J, Kean C O, et al.Heart rate monitoring in basketball: applications, player responses, and practical recommendations［J］.Journal of Strength and Conditioning Research，2018，32（8）：2383-2399.

在身体机能指标上表现出的明显差异是由运动员的场上职责和技、战术特征所决定的，因此期望制定符合运动员专位特征的体能指标和评价标准。

（三）篮球运动员运动素质

现有研究显示，对篮球运动员运动素质的研究通常从力量、速度、灵敏、柔韧的方面进行分类研究，此外还有学者将跳跃能力作为专门特殊素质进行研究[1][2][3]。根据研究目的和对象的不同，篮球运动员运动素质研究中使用的测试指标也有很大差别[4][5]。

Yusuf Köklü 等使用 10 米冲刺跑、30 米冲刺跑、不摆臂原地起跳（Counter-Movement Jump，CMJ）、半蹲起跳（Squat Jump，SJ）、T 灵敏测试、等速测试仪对 45 名土耳其职业联赛的篮球运动员（Division 1 联赛 22 名，Division 2 联赛 23 名）的速度、爆发力、灵敏进行了研究，结果显示：按照联赛等级分类，第一等级联赛和第二等级联赛的篮球运动员没有显著性差异；按照场上位置分类，中锋与后卫和前锋在 10 米冲刺跑、30 米冲刺跑、T 灵敏测试方面存在显著性差异，后卫与中锋在左腿 180 度/秒的等速屈腿测试方面存在显著性差异。

徐建华认为，CUBA 男子篮球运动员专项运动素质包括力量素质、速度素质、灵敏素质、耐力素质和专门特殊素质，专门特殊素质是弹跳力素质和重复冲刺能力的综合体现，包含弹跳力、弹跳高度、弹跳功率、弹跳—触地时间、肌纤维百分比、弹跳耐力、重复冲刺能力。

《Physical Tests For Elite Athletes》（2013）中推荐从力量、速度、灵敏、耐力、柔韧的角度评价青少年篮球运动员的运动素质，测试指标包括：3RM 卧推，3RM

---

[1] Sporiš G, Naglić V, Milanović L, et al.Fitness profile of young elite basketball players（cadets）[J].Acta Kinesiologica, 2010, 4（2）：62-68.

[2] 谭朕斌，王保成，黄黎.篮球运动员体能训练的理论与方法及评价指标体系的研究[J].北京体育大学学报，2004，27（8）：1128-1131.

[3] 徐建华.CUBA 男子运动员比赛负荷特征及专项运动素质评价的研究[D].苏州：苏州大学，2011.

[4] 徐建华，程丽平，王家宏.国内篮球运动员无氧耐力测试方法的不足——忽视篮球运动专项特征[J].天津体育学院学报，2011，26（4）：351-355.

[5] Yüksel M F.Examining some physical parameters of elite basketball players playing in different leagues[J].Turkish Journal of Sports and Exercise, 2017, 19（3）：380-384.

卧拉、3RM 蹲起、20 米冲刺跑的 5 米用时、10 米用时和 20 米用时，原地起跳高度，篮球灵敏测试，变距折返跑，坐位体前屈，功能性动作筛查（FMS），Yo-Yo 间歇耐力测试[①]。

张守伟等通过专家问卷筛选出 16 个评价大学生男子篮球运动员专项身体素质的指标，包括 100 米跑、助跑单手摸高、30 米跑、手指手腕力量测评、1min 定点二分球（自投自抢）、最大负重蹲起、1 分钟定点接球投二分球、30 秒仰卧起坐、30 秒立卧撑、灵活性定性判断、球场变距折返跑、全场运球上篮两次、3200 米跑、半场三角形跑、1 分钟接球投三分球、30 秒原地连续跳摸篮筐[②]。

Azahara Fort-Vanmeerhaeghe 等使用了 1 型 Yo-Yo 间歇恢复测试、T 灵敏测试、3/4 篮球场冲刺跑、不摆臂半蹲跳、不摆臂下蹲跳、摆臂下蹲跳、头上投掷 3 千克药球、变边距折返跑、30 米间歇折返跑、1RM 卧推、1RM 腿推作为测试指标，研究了西班牙优秀青少年女子篮球运动员运动素质与竞技表现的相关性，研究结果显示：重复冲刺能力、无氧功率、速度、灵敏和跳跃能力与比赛中的助攻和抢断数据呈现相关性[③]。

Jaromir Simonek 等使用伊利诺伊斯灵敏测试（Illinois Agility Test）和 FITro 敏捷检查设备（Fitro Agility Check equipment）评估了不同项目运动员表现出来的不同灵敏素质（反应、加速、减速、变向、观察及决策能力），结果显示伊利诺伊斯灵敏测试和 FITro 敏捷检查设备在反应、加速、减速、反向方面的测试结果没有显著性差异，提示伊利诺伊斯灵敏测试可以较好地反映出运动员的综合灵敏素质[④]。

Miran Pehar 等使用立定跳远、不摆臂原地起跳、助跑单腿起跳（maximal running vertical jump）、两步单腿起跳（2-step approach vertical jump）、反应力指数、重复反应力能力（repeated reactive strength ability）为指标对 110 名（Division 1

[①] Tanner R K，Gore C J.Physiological Tests for Elite Athletes［M］.Human Kinetics，2013.
[②] 张守伟，姜立嘉，周殿学，等.我国大学生男子篮球运动员专项身体素质的构成因子分析［J］.成都体育学院学报，2012，38（10）：50-54.
[③] Fortvanmeerhaeghe A，Montalvo A，Latinjak A，et al.Physical characteristics of elite adolescent female basketball players and their relationship to match performance［J］.Journal of Human Kinetics，2016，3（1）：167-178.
[④] Simonek J，Horicka P，Hianik J.The relationship between speed factors and agility in sport games［J］.Journal of Human Sport and Exercise，2014，9（1）：49-58.

联赛58人，Division 2联赛52）高水平篮球运动员的跳跃能力进行了研究，结果显示：按联赛级别分类，Division 1联赛的运动员的立定跳远成绩皆好于Division 2联赛的运动员，但是所有指标的测试结果皆不存在显著性差异；按三个场上位置分类时，后卫与中锋在反应力指数方面存在显著性差异，前锋和中锋在重复反应力能力方面存在显著性差异，相比之下，中锋的跳跃能力较低。

Neal Wen等对篮球项目中使用的爆发力测试方法进行了综述，该研究发现篮球爆发力测试通常包括速度、变向和跳跃三个方面的测试，认为5米和10米冲刺跑测试、改良的T型灵敏测试（modified T test）、变向不足（Change of Direction Deficit）、侧向跳、萨金特跳跃（Sargent jump）、一步跳等长大腿中部上拉测试（isometric mid-thigh pull test）更适用于评价篮球运动员的爆发力[1]。

国内外对篮球运动员运动素质的研究中，多数以"中锋、前锋、后卫"的位置分类方式进行分组和研究，未发现按"内线、外线"的分类方式研究篮球运动员运动素质的文献。现有研究结果显示，力量、速度、灵敏、耐力都是篮球运动员所需的重要运动素质，不同位置的篮球运动员的运动素质表现出较大差异，说明不同位置运动员的体能要求不同。因此，"在篮球运动员的体能训练中如何安排力量、速度、灵敏、耐力的训练比例""不同位置的运动员的训练重点是什么""当按内线、外线分类时，不同位置运动员将表现出什么样的体能特征""内线、外线运动员如何根据自身情况选择优先发展的素质"等问题，都值得进一步研究和探讨。

三、运动员体能评价与诊断的研究

评价是"评定价值"的简称，是指对收集的客观或主观信息进行分析和价值判断，并且赋予一定解释的过程[2][3]。体能评价是对运动员体能测试的数据进行分析和价值判断，认识运动员个体的体能发展水平以及与其他运动员的差距，从而有目的地改进体能训练。较为完整的运动员体能评价通常分为建立体能评价体系

---

[1] Wen N, Dalbo V J, Burgos B, et al.Power Testing in Basketball：Current Practice and Future Recommendations [J].Journal of Strength and Conditioning Research，2018，32（9）：2677-2691.

[2] 刘先捍.素质教育评价初探 [M].长沙：湖南教育出版社，2000.

[3] 袁尽洲，黄海.体育测量与评价 [M].北京：北京体育大学出版社，2011.

和体能状态诊断两部分，涉及初选指标、专家复选指标、应用指标进行测试、统计筛选指标、计算指标权重、制定评价标准、回代检验、建立结构模型、态势诊断和差距诊断等关键环节[1][2][3][4]。

金宗强的博士论文是最早对我国优秀运动员进行体能评价的研究，建立了我国优秀运动员专项体能评价体系与诊断方法。该研究通过确定评价对象和目标、评价指标体系、评价指标的权重、设计评价标准四个步骤建立了体能评价体系；运用体育测量与评价原理中的评分评价和等级评价方法，建立了我国优秀排球运动员的评分评价标准和等级评价标准，创新性地提出将"状态诊断"的理论用于运动员专项体能诊断，借鉴了经济管理学领域帕雷托解集法、雷达图分析方法对运动员体能水平进行态势诊断，使用了目标模型挑战法进行了差距诊断。

孙葆刚（2008）对我国优秀儿童乒乓球运动员专项体能进行了评价和诊断。该研究按年龄，对不同性别的优秀儿童乒乓球运动员的专项体能水平进行比较分析，不同性别的儿童运动员在灵敏度、力量、坐位体前屈和速度水平上存在明显差异，不同年龄的儿童男乒乓球运动员的爆发力水平，不同年龄的儿童女运动员的速度表现出随年龄增长水平越来越高的趋势；通过差距诊断，提出我国儿童乒乓球运动员应优先发展速度和爆发力[5]。

陆柳对中国国家队女子篮球运动员进行了体能评价和诊断，建立了体能评价体系，进行了体能状态诊断。该研究通过指标初选（文献检索、专家咨询、逻辑分析）、专家复选（问卷调查）、测试和统计筛选（主成分分析）确定了评价指标，通过专家评判法和五级评分法确定了指标权重，通过百分位法、20分评分、5等次分级制定了评分评价标准和等级评价标准。该研究使用了雷达分析法和目标挑

---

[1] 陈月亮.我国优秀短距离速滑运动员体能训练的理论与实践研究[D].上海：上海体育学院，2008.

[2] 姚旭霞.我国14—17岁优秀女子长距离游泳运动员专项体能评价与诊断研究[D].北京：北京体育大学，2010.

[3] 张楠.我国优秀女子空手道组手运动员体能特征及评价体系构建的研究[D].北京：北京体育大学，2018.

[4] 陈翀.我国U17男子足球运动员体能评价指标体系的构建和标准的建立[D].北京：北京体育大学，2016.

[5] 孙葆刚.我国优秀儿童乒乓球运动员专项体能水平现状与评价诊断研究[D].北京：北京体育大学，2008.

战模型法对运动员专项体能进行态势诊断和差异诊断[①]。

现有文献显示，对运动员专项体能进行评价和诊断的研究已经形成了较为成熟的方法和流程，通常包括明确评价对象与目的、确定评价指标、确定指标权重、确定评价标准、评价标准的回代检验、态势诊断和差距诊断；确定评价指标的过程通常包括文献搜集、专家访谈、问卷调查、实地测试和统计筛选；确定权重通常使用因子分析和专家评定法；确定评价标准通常使用百分位法、20分评分、5等次分级；回代检验通常使用专家评定、专家打分与评价得分的相关性检验；态势诊断和差距诊断主要使用雷达图分析法和目标模型挑战法。现有对篮球运动员体能评价的相关研究仅采用了"中锋、前锋、后卫"的位置进行分类和分析，未发现按"内线、外线"的分类方式建立篮球运动员的专项体能评价体系并进行诊断的研究。因此，按"内线、外线"的分类方式评价不同位置篮球运动员的专项体能还属于崭新的领域，值得人去研究和探索。

---

① 陆柳.国家女篮专项体能评价与诊断研究[D].苏州：苏州大学，2012.

第二章 研究对象与方法

本章介绍了本书的研究对象与研究方法，着重介绍了本书所使用的研究方法，包含文献法、调查法、测试法、逻辑分析法、数理统计法，通过使用和介绍不同的研究方法，保证了本书研究结果与结论的准确性。

第一节 研究对象

本书以我国优秀 U19 男子篮球运动员专位体能评价体系及诊断方法为研究对象。

"优秀运动员"通常以运动等级、参赛资格和比赛成绩作为判断标准，本书选择作为测试对象的我国优秀 U19 男子篮球运动员为参加 2018 年全国（U19）青年篮球联赛（男子组）前 16 名队伍的运动员，共计 92 人。

第二节 研究方法

一、文献法

本书将中国知网、百度学术、Google Scholar、EBSCO SPORT Discus with Full Text、Research Gate、Web of Science 作为检索数据库进行检索，以"体能""专位""体能评价""体能诊断""篮球运动员体能""篮球体能评价""篮球体能诊断"为中文关键词进行检索，以"position specific""physical fitness""performance""ba sketball player"为英文关键词,以"basketball player"加"morphological""conditioning""physiological""aerobic""anaerobic""strength""power""speed""endurance""agility""test"为英文关键词组合进行检索,广泛收集与篮球体能有关的文献资料共计300余篇,并整理分类。根据研究需要,对《运动训练学》《现代篮球体能训练指导》《Basketball Anatomy》《Optimum Performance Training：Basketball》《Physical Test For Elite Athletes》等著作、教材中有关体能的部分进行阅读。此外,通过国家体育总局竞技体育司、中国篮球协会、地方体育局篮球运动管理中心等官方途径收集近些年有关篮球运动和体能训练的政策文件,以便尽可能全面地了解该篮球体能训练的研究现状、发展趋势和政策导向,为结合本书中篮球运动员专位体能评价指标的选取奠定理论基础。

二、调查法

（一）专家访谈法

根据研究需要,本书针对"我国篮球运动员的体能薄弱环节""当前篮球运动的项目特征和发展趋势""不同位置篮球运动员的场上作用、体能特征及需求""篮球运动员体能的评价指标与诊断""按内线、外线分组进行体能训练与评估的合理性"等涉及本研究主题的问题,对国家篮球队和一线队管理人员、教练员,国内体育专业院校、体育科学研究所、篮球运动管理中心的相关专家、管理人员进行访谈。专家研究领域和管理人业务领域主要涉及篮球专项训练、体能训练、运动员选材等领域。

通过现场访谈、电话和微信等方式对专家进行访谈,共访谈40人,并根据专家的意见和建议对本书的设计进行修改、补充和完善。专家访谈名单如表2-1所示。

表2-1 主要访谈专家名单

序号	姓名	单位	职称、职务
1	谷××	山东体育学院	副院长、教授
2	刘××	北京体育大学	教授

续表

序号	姓名	单位	职称、职务
3	陈××	国家体育总局体育科学研究所	研究员
4	赵××	国家体育总局体育科学研究所	研究员
5	闫×	国家体育总局体育科学研究所	研究员
6	袁××	国家体育总局竞技体育司训练处	处长
7	赵××	河北师范大学	教授
8	郑××	山东体育科学研究中心	研究员
9	刘××	天津体育职业学院	院长、研究员
10	李××	武汉体育学院	副教授
11	王×	国家体育总局训练局体能训练中心	主任
12	陈×	首都体育学院	教授
13	姚××	山东体育学院	教授
14	韩×	山东体育学院	副教授
15	赵××	山东体育学院	副教授
16	王×	山东体育学院	副教授
17	戴××	山东体育学院	SCBA男篮主教练
18	金××	天津体育学院	教授
19	鲍××	天津体育学院	副教授
20	闫××	天津体育学院	教授
21	赵×	天津体育学院	教授

续表

序号	姓名	单位	职称、职务
22	崔××	沈阳体育学院	教授
23	李 ×	中国男篮国家队	体能教练
24	于××	天津体育局篮球运动管理中心	副主任
25	徐××	天津体育局篮球运动管理中心	CBA男篮助理教练
26	王 ×	天津体育局篮球运动管理中心	CBA男篮体能教练
27	李××	天津体育局篮球运动管理中心	U19男篮主教练
28	郭××	天津体育局篮球运动管理中心	U19男篮助理教练
29	张 ×	天津体育局篮球运动管理中心	U15男篮主教练
30	张 ×	天津体育局篮球运动管理中心	WCBA女篮助理教练
31	宫××	安徽文一篮球俱乐部	总经理、教练组组长
32	李 ×	北京首钢篮球俱乐部	U19男篮主教练
33	董××	北京北控篮球俱乐部	U19男篮主教练
34	张××	八一富邦篮球俱乐部	U19男篮主教练
35	莫 ×	八一富邦篮球俱乐部	U19男篮助理教练
36	史××	山东体育局篮球运动管理中心	U19男篮主教练
37	曹××	山东体育局篮球运动管理中心	U19男篮助理教练
38	刘 ×	山东体育局篮球运动管理中心	U15男篮助理教练
39	王 ×	山东西王篮球俱乐部	CBA/WCBA体能教练
40	鞠××	浙江广厦俱乐部	U19男篮教练

（二）问卷调查法

本书在文献整理和专家访谈的基础上，设计符合篮球项目特征和反映不同位置运动员在比赛中所需体能的专位体能指标体系，该体系包括身体形态、身体机能和运动素质 3 个一级指标，一级指标下设若干个二级指标，代表反映一级指标的关键要素，二级指标下设若干个三级指标。

根据本书对体能概念的定义、体能结构和篮球项目特征的分析结果，将国内外文献中使用的测试指标纳入篮球运动员专位体能的初选指标库，初选指标如表 2-2 所示。

表 2-2 调查问卷纳入初选指标一览表

一级指标	二级指标	三级指标
身体形态	长度	身高、臂展、手足间距、脚长、手长
	围度	胸围、臀围、大臂围、小臂围、大腿围、小腿围
	宽度	肩宽、髋宽、手宽
	充实度	体重、克托莱指数（体重/身高×1000）、体重指数（身高/体重^2）、体脂百分比
身体机能	有氧工作能力	35 米间歇冲刺跑、1 型 Yo-Yo 间歇恢复测试、Beep 测试、20 米多级折返跑、肺活量
	无氧工作能力	4 米×17 次折返跑、疲劳指数、30 米折返跑、15 米×13 次折返跑
	机能状态	测试后即刻心率、测试 1 分钟后恢复心率、血尿素氮（BUN）、血红蛋白（Hb）、血清肌酸激酶（CK）、睾酮/皮质醇（T/C）、尿胆原（URO）
运动素质	力量	1RM 卧推、3RM 卧推、80 千克卧推次数
		1RM 蹲起、立定跳远、立定三级跳、单腿立定三级跳、原地起跳、5 次原地起跳、惯用腿两步起跳摸高、非惯用腿两步起跳摸高、惯用腿助跑起跳摸高、非惯用腿助跑起跳摸高
		下肢 Y 平衡测试、上肢 Y 平衡测试、头上前抛 3 千克药球
		60 秒仰卧起坐

续表

一级指标	二级指标	三级指标
运动素质	速度	5米跑、10米跑、20米跑、30米跑
	耐力	Beep测试、20米多级折返跑、1型Yo-Yo间歇恢复测试、12分钟跑、3200米跑
	柔韧	坐位体前屈
	灵敏	T灵敏测试、伊利诺伊斯灵敏测试、3秒区灵敏测试、变距折返跑

问卷发放与回收情况如表2-3所示。本书运用专家调查法和五级评分法进行指标筛选，请专家对指标的适用程度进行评价（"非常合理"为"5分"、"比较合理"为"4分"、"一般合理"为"3分"、"比较不合理"为"2分"、"不合理"为"1分"），对每个指标得到的总分进行平均数计算从而得到每个指标的平均分值，将平均分值≥4的指标作为专家一致认可的指标保留，将平均分值≤3的指标去除。

表2-3 《篮球运动员专位体能评价指标体系专家问卷》发放与回收情况

区分	第一轮问卷	第二轮问卷	第三轮问卷
发放份数	40	39	36
回收份数	39	36	32
有效份数	35	33	31
回收率	97%	92%	89%
有效率	90%	92%	97%

本书共计发放了三轮问卷，根据第一轮问卷的专家反馈意见及访谈获得信息将篮球教练员在日常训练中常用的测试指标和专家、体能教练推荐的测试指标纳入篮球运动员专位体能的初选指标库。在第二轮问卷中把400米跑、100千克蹲起、100千克硬拉、130千克臀冲、引体向上、50千克高翻、5次连续原地摸高、三级蛙跳、背桥单腿支撑、自重单腿蹲起、5米运球跑、10米运球跑、20米运球跑、

30米运球跑、3/4篮球场运球跑、后抛3千克药球、侧抛3千克药球、60秒俯卧撑、60秒立卧撑、功能性动作筛查、改良"T"型灵敏测试、十字跳、1分钟单脚交替跳绳作为新补充的指标供所有专家进行筛选。通过三轮专家问卷，共筛选内线运动员专位体能评价指标25项（表2-4）、外线运动员专位体能评价指标29项（表2-5）。

表2-4　内线运动员专位体能评价指标一览表

一级指标	二级指标	三级指标	
A1 身体形态指标	B1：长度	C1：	身高
		C2：	臂展
	B2：充实度	C3：	体重
		C4：	克托莱指数（体重/身高×1000）
A2：身体机能指标	B3：有氧、无氧工作能力、重复冲刺能力	C5：	1型Yo-Yo间歇恢复测试（最大摄氧量）
		C6：	4米×17次折返跑
	B4：机能状态和恢复能力	C7：	测试后即刻心率
		C8：	测试1分钟后恢复心率
A3：运动素质指标	B5：力量	C9：	1RM卧推
		C10：	引体向上
		C11：	100千克蹲起
		C12：	100千克硬拉
		C13：	原地摸高
		C14：	5次连续原地摸高
		C15：	立定跳远
		C16：	平板支撑
		C17：	侧平板支撑

续表

一级指标	二级指标	三级指标	
A3：运动素质指标	B5：力量	C18：	单腿臀桥支撑
		C19：	自重单腿蹲起
	B6：速度	C20：	5米冲刺跑
		C21：	10米冲刺跑
	B7：灵敏	C22：	3秒区灵敏测试
		C23：	1分钟单脚交替跳绳
	B8：耐力	C24：	1型Yo-Yo间歇恢复测试（跑动距离）
	B9：柔韧	C25：	坐位体前屈

表2-5 外线运动员专位体能评价指标一览表

一级指标	二级指标	三级指标	
A1 身体形态指标	B1：长度	C1：	身高
	B2：充实度	C2：	体重
		C3：	克托莱指数（体重/身高×1000）
A2：身体机能指标	B3：有氧、无氧工作能力、重复冲刺能力	C4：	1型Yo-Yo间歇恢复测试（最大摄氧量）
		C5：	4米×17次折返跑
	B4：机能状态和恢复能力	C6：	测试后即刻心率
		C7：	测试1分钟后恢复心率
A3：运动素质指标	B5：力量	C8：	1RM卧推
		C9：	引体向上
		C10：	100千克蹲起
		C11：	100千克硬拉

续表

一级指标	二级指标	三级指标	
A3：运动素质指标	B5：力量	C12：	原地摸高
		C13：	5次连续原地摸高
		C14：	立定跳远
		C15：	平板支撑
		C16：	侧平板支撑
		C17：	单腿臀桥支撑
		C18：	自重单腿蹲起
	B6：速度	C19：	5米冲刺跑
		C20：	5米运球跑
		C21：	10米冲刺跑
		C22：	10米运球跑
	B6：速度	C23：	20米冲刺跑
		C24：	20米运球跑
	B7：灵敏	C25：	改良T灵敏测试
		C26：	3秒区灵敏测试
		C27：	1分钟单脚交替跳绳
	B8：耐力	C28：	Yo-Yo间歇恢复测试1型（跑动距离）
	B9：柔韧	C29：	坐位体前屈

针对回收的专家问卷进行信度检验，使SPSS的分半信度（又称"裂半法"（split-half），或称"斯皮尔曼·布朗"（Spearman-Brown）系数）模式进行检验，得到"半测验"得分的积差相关系数为0.7462，经"斯皮尔曼—布朗"公式加以校正后，分半信度系数为0.8438。

针对回收的专家问卷进行效度检验，共计91.4%的专家认为问卷的结构效度比较合理或非常合理，共计88.6%的专家认为问卷的内容效度比较合理或非常合理，共计94.2%的专家认为问卷的整体效度比较合理或非常合理。（表2-6、表2-7、表2-8）

表2-6　篮球运动员专位体能评价体系初选指标专家调查问卷结构效度检验

	非常合理	比较合理	一般合理	比较不合理	不合理
人数	17	15	3	0	0
百分比（%）	48.5	42.9	8.6	0	0

表2-7　篮球运动员专位体能评价体系初选指标专家调查问卷内容效度检验

	非常合理	比较合理	一般合理	比较不合理	不合理
人数	16	15	4	0	0
百分比（%）	45.7	42.9	11.4	0	0

表2-8　篮球运动员专位体能评价体系初选指标专家调查问卷整体效度检验

	非常合理	比较合理	一般合理	比较不合理	不合理
人数	17	16	2	0	0
百分比（%）	48.5	45.7	5.8	0	0

三、测试法

（一）测试对象分组

本书将参加2018年全国（U19）青年篮球联赛（男子组）第一阶段两个A组赛区的16支队伍（浙江广厦、八一富邦、北京首钢、新疆广汇、深圳新世纪、上海东方大鲨鱼、广州证券、山西汾酒、山东高速、天津荣钢、广东宏远、北京北控、广西威壮、安徽文一、四川航空、福建浔兴）作为测试对象，从获得前8名的队伍和获得后8名的队伍中分别各抽取3支队伍作为测试对象，最终抽取的

6支队伍分别为八一富邦、浙江广厦、天津荣钢、山东高速、北京首钢、北京北控。

根据研究需要，由教练员根据本书对内线运动员和外线运动员的定义进行分组，按"内线组"和"外线组"两大类进行专位体能指标的测试，共计测试92人（表2-9）。

表2-9 测试对象基本情况一览表

名称	位置	人数	身高（厘米）	体重（千克）
BY	内线	7	204.78 ± 4.91	93.54 ± 8.24
	外线	10	194.92 ± 4.13	85.24 ± 3.98
ZJ	内线	4	203.85 ± 1.57	94.72 ± 1.54
	外线	6	195.71 ± 5.15	87.12 ± 4.42
TJ	内线	7	203.15 ± 4.64	99.38 ± 9.62
	外线	10	192.68 ± 7.07	80.29 ± 7.92
SD	内线	7	203.57 ± 4.15	95.57 ± 8.46
	外线	10	194.47 ± 3.60	83.37 ± 5.81
SG	内线	7	203.82 ± 10.18	93.54 ± 4.23
	外线	10	192.67 ± 5.71	81.22 ± 6.42
BK	内线	6	203.61 ± 4.22	102.5 ± 11.08
	外线	10	189.91 ± 10.08	79.80 ± 11.62
共计	内线	38	203.74 ± 4.67	96.89 ± 8.74
	外线	56	193.04 ± 6.69	80.41 ± 7.28

根据研究需要，在测试后对数据进行分类比较。根据比赛成绩分为前8名组和后8名组，前8名组包括八一富邦、浙江广厦、天津荣钢，后8名组包括山东高速、北京首钢、北京北控（表2-10）。

表 2-10 测试对象基本情况一览表

名称	位置	人数	身高（厘米）	体重（千克）
前 8 名组	内线	18	203.69 ± 4.31	97.12 ± 8.87
	外线	26	194.15 ± 6.10	82.25 ± 6.71
后 8 名组	内线	20	203.91 ± 6.29	95.42 ± 8.10
	外线	28	192.04 ± 7.15	81.29 ± 8.45

（二）测试指标

根据专家调查后得出内线运动员测试指标 25 项、外线运动员测试指标 29 项。（表 2-4、表 2-5）

（三）测试时间、地点和流程

测试时间：2018 年 7 月至 2019 年 7 月的寒暑假训练期间。

测试地点：天津团泊体育中心训练基地，山东济南体育训练中心训练基地，北京首钢体育馆，北京密云篮球协会训练基地，北京市八一体工大队训练基地。

测试流程：根据研究需要，由所在队伍的教练员将运动员分为两组（内线组、外线组）。测试过程分为三个半天，时间安排为上午 9 点至 11 点，下午 3 点至 5 点。测试前的准备活动包括 5 分钟慢跑加 5 分钟动态拉伸。每项测试之前向运动员介绍测试内容，使运动员熟悉测试内容。具体流程如下：第一天上午进行连续 5 次原地摸高（含原地摸高）、立定跳远、引体向上、1RM 卧推、100 千克蹲起、100 千克硬拉、单腿蹲起，晚间进行体重、臂展、坐位体前屈的测试；第二天下午进行测试 20 米跑（包含 5 米跑、10 米跑）和 20 米运球跑（包含 5 米运球跑、10 米运球跑）、平板支撑测试、侧平板支撑、单腿臀桥支撑、4 米 ×17 次折返跑测试；第三天下午进行改良"T"型灵敏测试、3 秒区灵敏测试、1 分钟单脚交替跳绳、Yo-Yo 间歇恢复测试。

（四）质量控制

在天津市团泊体育中心训练基地的篮球馆对天津荣钢 U19 男篮青年队进行测试的预试验，全部 17 名队员参加。在实际测试过程中，测试者明确分工，合理安排测试项目，熟悉整理测试仪器，协调好测试的衔接，对测试中出现的问题认真总结，为测试做好充足的准备。采用重测法评价测试的可靠性，预实验1周后对同一批运动员进行重复测试，使用SPSS对两次测试结果进行相关性检验，结果显示测试方法的可靠性较高（相关系数 r =0.79～0.95）。体能测试项目由本人、天津体育学院博士研究生以及各队相关教练员、队医按照指标测试要求完成。

为避免运动员在疲劳的状态下进行下一项测试，内线组和外线组运动员交替进行测试。在上、下肢力量、速度和灵敏类的测试时每次仅测试一名运动员，在进行有氧无氧能力、躯干（核心）力量、耐力类测试时分五人一组进行测试。

为保障测试数据可靠，测试过程使用了以下测试仪器：原地摸高使用瑞士 Myotest pro 爆发力测试仪（图2-1），心率测试使用芬兰 Polar（RS400）心率遥测仪，包括腕表和心率带（图2-2），速度测试使用澳大利亚 Fusion sport 智能速度测试系统（图2-3），坐位体前屈使用坐位体前屈测量仪等。具体情况如表2-11所示。

图 2-1 下肢爆发力测试用仪器

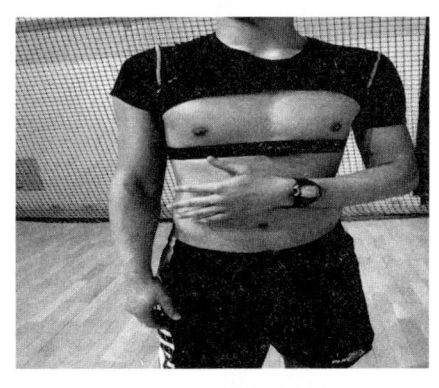

图 2-2 心率测试用仪器

图 2-3　速度测试用仪器

表 2-11　测试指标及测试仪器一览表

一级指标	二级指标	三级指标	测试仪器
A1 身体形态指标	B1：长度	臂展	卷尺 电子体重计
	B2：充实度	体重	
		克托莱指数（体重/身高×1000）	
A2：身体机能指标	B3：有氧、无氧工作能力	1 型 YoYo 间歇恢复测试（最大摄氧量）	音响、标志物、胶带 Yo-Yo Intermittent recovery test level1 音乐
		4 米×17 次折返跑	秒表、标志物
	B4：心肺机能	测试后即刻心率	Polar（RS400）心率遥测仪
		测试 1 分钟后恢复心率	
A3：运动素质指标	B5：力量	1RM 卧推	杠铃、卧推凳、蹲起架、龙门架，卷尺，绳子
		引体向上	

续表

一级指标	二级指标	三级指标	测试仪器
A3：运动素质指标	B5：力量	100 千克蹲起	
		100 千克硬拉	
		自重单腿蹲起	
		原地摸高（CMJ）	Myotest pro 爆发力测试仪
		5 次连续原地摸高	
		立定跳远	卷尺、胶带
		平板支撑	
		侧平板支撑	秒表
		单腿臀桥支撑	
	B6：速度	5 米冲刺跑	
		5 米运球跑	
		10 米冲刺跑	Fusion sport 智能速度测试系统
		10 米运球跑	
		20 米冲刺跑	
		20 米运球跑	
	B7：灵敏	改良"T"型灵敏测试	标志物、胶带、卷尺、秒表
		3 秒区灵敏测试	
		1 分钟单脚交替跳绳	电子计数跳绳
	B8：耐力	1 型 Yo-Yo 间歇恢复测试（跑动距离）	音响、标志物、胶带 Yo-Yo Intermittent recovery test level1 音乐
	B9：柔韧	坐位体前屈	坐位体前屈测量仪

四、逻辑分析法

本书采用比较、分类、归纳和演绎等思维形式，结合文献查询、专家访谈和训练监控所得到的数据、资料，分析篮球项目特征所决定的运动员专位体能特征，对我国优秀 U19 男子篮球运动员的专位体能特征及存在的体能短板进行综合分析，探讨篮球运动员专位体能训练的理论基础与规律。

五、数理统计法

根据研究需要，本书运用 EXCEL 和 SPSS 统计学软件，对数据进行统计处理，建立数据库。不同组别运动员的测试结果分析使用独立样本的 T 检验。测试指标的统计筛选应用 SPSS 统计软件的因子分析中的主成分分析法进行指标体系优化。测试指标的权重计算使用 SPSS 统计软件的因子分析，然后通过公式运算对因子载荷进行归一化处理。单项评分评价、综合评分评价、等级评价及雷达分析图使用 EXCEL 软件处理。评价体系的回代检验使用 SPSS 对测试得分和教练组主观打分进行 Kendall 相关性分析。

第三章 研究结果与分析

本章为本书的研究结果与分析，主要包括四个方面的内容：篮球运动员专位体能评价与诊断的理论基础、我国优秀 U19 男子篮球运动员体能特征研究、我国优秀 U19 男子篮球运动员专位体能评价体系的构建、我国优秀 U19 男子篮球运动员专位体能诊断方法的研究。

第一节 篮球运动员专位体能评价与诊断的理论基础

一、核心概念

（一）体能

根据研究目的和上述对体能概念和体能构成要素的研究综述，本书认为：体能是指运动员在比赛中表现出来的运动能力，具有改善身体形态和机能、提高健康水平、预防损伤、促进竞技水平（或称"运动表现"）的作用。体能水平的高低主要通过力量、速度、耐力、灵敏、柔韧等运动素质反映出来，身体形态和身体机能是表现体能的内在结构和功能基础。体能系统的构成要素包括身体形态、身体机能和运动素质。

（二）专位体能

在英文语境下，"专位"对应英文"position specific""position specificity"，翻译为"位置专有、特有的""专位属性的"，常见于近年来足球、橄榄球、篮球等集体球类项目的英文相关研究中，并且通常与 anthropometry、morphological characteristics、physiological performance、match demand、player load、movement characteristics 等代表形态、机能、素质、负荷、体能训练的名词连用，表示集体球类项目中某个位置运动员在某一学科或领域视角下特有的特征[①②]。其中的"position specific anthropometry"和"position specific physiological performance"涵盖了运动员在形态、机能和运动素质方面的专位特征，从而构成"专位"视域下对不同位置集体球类项目运动员体能特征的审视。因此，专位体能，即某个位置的集体项目运动员特有的体能，表现为与其他位置运动员的体能特征的某些方面具有明显的区别。

在中文语境下，当前国内没有其他研究使用"专位体能"的表述，但与之相同或相近的表述有"位置体能""专位专项体能""专位素质""专位身体素质""专位专项素质""专位运动员专项运动素质"[③④⑤⑥]。专位体能属于专位（竞技）能力的下位概念，在我国排球运动员专位竞技能力特征中通常表述为专位身体形态、专位身体素质[⑦⑧]。在足球运动员体能特征的研究中，李静将"位置体能"定义为：球类集体项目不同位置的队员在比赛和训练中表现出来的完成特定位置负荷需要的活动能力，是不同位置队员在先天遗传的基础上，以专项位置竞技能力为导向，

---

① Ivan B，Dag J，Seabra André，et al.Position specific player load during match-play in a professional football club［J］.PLOS ONE，2018，13（5）：98-115.
② Jones RN, Greig M, Mawéné Y, et al.The influence of short-term fixture congestion on position specific match running performance and external loading patterns in English professional soccer.［J］. Journal of Sports Sciences，2019.37（12）：1338-1346
③ 杨继珂.中国高水平女子排球运动员不同专位专项体能特征研究［C］.2017年全国竞技体育科学论文报告会论文摘要汇编.2017.
④ 张兴林.我国不同位置优秀排球运动员比赛负荷及专位素质特征研究［D］.北京：北京体育大学，2006.
⑤ 党英.河南省优秀排球运动员不同专位专项素质的主导因素研究［D］.新乡：河南师范大学，2012.
⑥ 王彤.我国青年女排各专位运动员专项身体素质现状分析［D］.北京：北京体育大学，2017.
⑦ 王拱彪.中国和欧美女排优秀接应二传队员的专位竞技研究——以第30届奥运会为例［J］.体育研究与教育，2014，29（04）：104-106，113.
⑧ 黄依柱.我国高水平女排运动员专位特征研究［J］.长沙大学学报，2010，24（02）：105-107.

在比赛和训练中获得和表现出来的独有的与其他位置队员不同的形态、机能、素质三个方面的特征[①]。

本书认为，根据"position specific""position specificity"的英文表达，"专位体能"比"位置体能"的表述更加准确，专位体能是在"专位"视域下对专项体能的进一步审视，是专项体能和位置体能概念有机的融合。专位体能是指集体项目运动员在场上特定位置上长时间、稳定的发挥特定技、战术功能的运动能力，是运动员在先天遗传的基础上，长期接受某一个项目的训练和比赛，并在场上处于相对固定的区域、发挥特定的技、战术功能并承受相应负荷，进而获得的表现在身体形态、身体机能和运动素质方面的适应性变化。由于场上所处的位置和发挥的技、战术功能不同，不同位置运动员的身体形态、身体机能和运动素质会朝着更符合其位置技、战术功能需要的方面进行发展，从而使其更加胜任特定场上位置的技、战术功能。

从"专位"视角下认识集体项目运动员的专项体能，有助于进一步认识体能特征的共性和特性。共性反映不同位置运动的专项体能的共同特征，例如，橄榄球项目各个位置的运动员都要具备较好的力量和爆发力；特性反映某个位置运动员的专项体能在某个或多个构成要素方面显著区别于其他位置的运动员的特有特征，例如，排球项目自由人位置的运动员的移动速度和灵敏度显著优于其他位置的运动员。

（三）篮球运动员的位置分类

篮球规则对篮球运动员的位置分类没明确规定，当前出现在篮球有关的书籍和论文中的位置分类方式有三种，包括"中锋（center）、大前锋（power forward）、小前锋（small forward）、得分后卫（shooting guard）、组织后卫（point guard）"的分类，"中锋（center）、前锋（forward 或 the wings）、后卫（guard 或 post players）"的分类以及"内线、外线"的分类。根据选题，本书将从"内线、外线"分类的视角下研究篮球运动员的专位体能，并将内线运动员和外线运动员的内涵和特征界定如下：

---

① 李静. 足球运动员的位置体能特征与我国优秀女足队员比赛跑动能力的研究［D］. 苏州：苏州大学，2009.

内线运动员，源自英文"frontcourt""post""big""inside"，是指篮球比赛中主要负责低位进攻、防守和争抢篮板球的运动员，其活动区域主要在三分线以内，具备中锋、大前锋、"锋位摇摆人"的场上功能和技术特点，擅长背身单打、持球突破、中距离投篮、争抢篮板球和盖帽等在三分线内常用的技术，在战术侧面上擅长执行挡拆和策应。

外线运动员，源自英文"backcourt""perimeter""small""guard"，是指篮球比赛中主要负责运球、组织进攻、盯人防守和外线得分的运动员，其活动区域较大，具备组织后卫、得分后卫、小前锋的场上功能和技术特点，擅长传球、运球突破、急停跳投、三分球和抢断等在三分线外常用的技术，在战术层面上擅长执行突分、传切。

二、篮球项目发展趋势及特征

（一）规则演变与特征

规则，一般指由群众共同制定、公认或由代表人统一制定并通过的，由群体里的所有成员一起遵守的条例和章程。篮球运动的规则主要指篮球比赛中使用的各种规则。由于世界存在多个篮球比赛的组织机构，因此也存在多种不同的规则，目前世界上具有代表性的篮球规则包括国际篮球运动联合会（FIBA）规则、美国职业篮球联盟（NBA）规则、美国大学体育联合会（NCAA）规则等，其中在世界上使用范围最广的规则是国际篮球联合会指定的FIBA规则。在19世纪90年代篮球诞生初期，篮球比赛并没有明确的规则，除了在对场地的两侧各放置一个桃筐，并将参加比赛的人分成人数相同的两组之外，对场地大小、比赛时间、比赛人数、犯规等事宜均没有明确的规则，这导致比赛的争抢过于激烈，甚至出现了一些野蛮的动作和其他阻碍比赛正常进行的现象[1]。为此，篮球运动的发明者奈史密斯先生于1892年制定了最早的13条规则。美国于1896年成立了专门制定篮球规则的官方机构"规则委员会"，该机构负责研究篮球运动发展中出现的问题和增改规则等事宜[2]。随着篮球运动的普及和发展，篮球规则也在不断地修改和

---

[1] 于振峰. 篮球：体育系普修［M］. 北京：北京体育大学出版社，2007.
[2] 王守恒. 篮球之探［M］. 北京：北京体育大学出版社，2016.

补充，直到 1932 年国际篮球运动联合会 (FIBA) 在日内瓦成立，才制定出国际统一的篮球规则。1936 年，男子篮球作为正式的奥运会竞赛项目登上了奥运会舞台，统一的国际规则在此次比赛中被首次使用[①]。此后，国际篮联每隔四年对原有规则进行讨论、研究、修改和补充。

时间和空间是影响篮球比赛最重要的因素，在规则发展过程中，每一次规则的修改都是围绕着"时间"和"空间"这两方面进行。时间因素主要包括比赛的总时间、每节比赛的时间、过中场的时间、进攻的时间等，空间因素主要包括球场的大小、3 分线的距离、3 秒区的大小以及设置"合理冲撞区"的规定等。随着竞赛规则在时空方面的限定和修改越来越多，比赛也更加公平、激烈，更富有观赏性，推动了篮球运动的技、战术进一步发展[②]。但是，不同组织主办的篮球比赛在时间和空间方面的规则也有所差异。

比赛时间方面，FIBA、NBA 制定的规则规定一场比赛分为四节，FIBA 的比赛每节 10 分钟，NBA 的比赛每节 12 分钟；NCAA 制定的规则规定一场比赛分为上下半场，各 20 分钟。暂停方面，FIBA 规定每队全场比赛可以进行 5 次暂停，每次 1 分钟，上半场 2 次，下半场 3 次；NBA 规定每队全场比赛可以进行 8 次暂停，长暂停 6 次，每次 100 秒，短暂停 2 次，每次 20 秒，上下半场各一次；NCAA 规定每队全场比赛可以进行 6 次暂停，长暂停 4 次，每次 75 秒，短暂停 2 次，每次 30 秒。在进攻时间方面，国际篮联和 NBA 都规定每次进攻时间为 24 秒，要求 8 秒过中场，而 NCAA 的规定每次进攻时间 35 秒，要求 10 秒过中场[③④⑤]。

从规则对空间方面的修订看，篮球场的大小从 1942 年的长 26 米、宽 14 米增加到今天的长 28 米、宽 15 米，3 秒区从长 5.8 米、宽 3.6 米增加到今天的长 5.8

[①] 谭朕斌. 篮球运动基本规律及发展特征的研究 [D]. 北京：北京体育大学，2000.

[②] 黄滨，鲍计国. 从时空的视角谈篮球运动 [J]. 体育学刊，2008，15（2）：86-88.

[③] International Basketball Federation.Inside FIBA：Rules, regulations, other docs：Basketball rules, ［EB/OL］. www.fba.com/pages/eng/fc/FIBA/ruleRegu/p/openNodeIDs/897/selNodeID/897/baskOffRule.

[④] National Basketball Association.Rule No.5-Scoring and timing ［EB/OL］. www.nba.com/analysis/rules_5.

[⑤] National Collegiate Athletic Association.Men's basketball rules of the game. ［EB/OL］www.ncaa.org/championships/playing-rules/mensbasketball-rules-game.

米、宽4.9米，并增加了合理冲撞区；三分线从距离篮筐中心6.25米增加到今天的6.75米。这些规定都给了篮球运动员更大的移动空间，同时也对体能提出了更高的要求。从规则对时间方面的修订看，总比赛时间从最初规定的上下半场各15分钟、中场休息5分钟，增加到今天的4节比赛每节10分钟，中场休息15分钟，第1节与第2节之间、第3节与第4节各休息2分钟；进攻时间从30秒缩短到24秒；这些改变使得总比赛时间和攻防的回合数明显增加，比赛的总得分数也从20世纪30年代的20分左右逐步增长到今天的100分以上，因此也要求运动员具备长时间运动的能力[1]。

从整体上看，规则在时间、空间方面的修改提高了篮球比赛的流畅性、对抗性和观赏性，从而鼓励运动员在长时间的比赛中表现出"更高、更快、更强"的体育精神；不同篮球组织在规则方面的不同规定也反映出其比赛的激烈程度，高水平篮球的比赛时间更长、暂停次数更多、三分线距离更远，并且鼓励合理的冲撞。因此，这对运动员的体能水平提出了更高的要求。

（二）技术应用特征

运动技术是完成体育动作的方法，是运动员竞技能力水平的决定因素。篮球运动的技术包括很多种，对篮球技术的划分方式也有多种观点。国内比较有代表性的篮球教材通常涵盖以下三种分类方式：第一，将篮球技术分为四大类，包括移动技术、进攻技术、防守技术和争抢篮板球技术；第二种将篮球技术分为七类，包括基础动作、传接球、运球、投篮球、抢篮板球、进攻、防守[2]；第三种将篮球技术分为九大类，包括移动技术、传接球技术、投篮技术、运球技术、持球突破技术、防守技术、抢球打球断球技术（以下简称"抢断球"）、抢篮板球技术、位置技术[3]。此外，有学者认为篮球技术分为五大类，包括技术基础、投篮技术、获得球技术、支配球技术、一对一技术[4]；还有学者认为篮球技术应该分为进攻技术、

---

[1] Cormery B, Marcil M, Bouvard M. Rule change incidence on physiological characteristics of elite basketball players: a 10-year-period investigation [J]. British Journal of Sports Medicine, 2008, 42 (1): 25-30.

[2] 孙民治. 篮球运动高级教程 [M]. 人民体育出版社, 2000.

[3] 王梅珍, 冷纪岚. 篮球基本技术 [M]. 人民体育出版社, 1999.

[4] 李杰凯. 论篮球教学训练中技术概念界定及其分类的理论误区 [J]. 体育科学, 2008 (1): 82-88.

防守技术和争球技术三大类[①]。国外的篮球教材对篮球技术的分类也有差别,第一种是将篮球技术分为身体平衡和快速动作、传接球、运球、投篮、抢篮板球、外线持球进攻、内线持球进攻[②];第二种分类为身体基本控制、高级身体控制、控制球、投篮、抢篮板球、外线进攻移动、内线进攻移动、单人防守[③];第三种分类为脚步动作、传接球、运球、投篮、抢篮板球、一对一进攻移动技术、内线进攻技术[④]。从现有的分类看,进攻和防守是比赛中的两个主要目的,为了达成这两个目的,运动员需要通过移动、投篮、运球、传接球、抢篮板球和抢断球来实现进攻和防守,在运用以上六种技术的同时涉及身体的控制、一对一进攻或防守、内线或外线的攻防。所以本书认为,移动、投篮、运球、传接球、抢篮板球和抢、打、断球是篮球运动的六项基本技术。

1. 移动

移动技术是指在篮球运动中为了实现一定目的(为了投篮得分或者防止对手投篮得分,从而接近或远离某个特定位置,摆脱或者靠近某个人)而完成的一系列动作、动作组合以及相应身体姿态。篮球比赛是比赛双方在长 28 米、宽 15 米的篮球场上交替进攻和防守、相互争夺篮球板的运动过程,无论进攻还是防守都需要在移动中完成,因此移动技术是所有篮球技战术的前提和基础。

移动的分类方法很多,主要包括站立姿势、起动、跑(侧身跑、后退跑、变向跑)、跳跃(单脚起跳、双脚起跳)与落地(单脚落地、双脚落地)、急停(跳步急停或称一步急停、跨步急停或称两步急停)、转身(前转身、后转身)和步法(交叉步、滑步、跨步)。按照移动所要达成的目的,又可以分为摆脱移动、接球移动、投篮移动、防守移动、篮板球移动[⑤]。综合来看,移动的目的是在进攻中以速度摆脱对手,或以变化的节奏和多变的移动形式从而摆脱对手的防守,因

[①] 王晓东,叶伟,王建国,等.对现行篮球技术分类体系及划分标准的思考[J].北京体育大学学报,2005,28(2):268-269.

[②] Wisse H.Basketball steps to success.second edition[M].USA:Human Kinetics,2004.1-162

[③] Krause V,Meyer W,MeyerJ.Basketball skills and drills[M].second edition.USA:Human Kinetics,1999.

[④] Fox R.Basketball-The complete handbook of individual skills[M].first edition.USA:Prentice all,1988.

[⑤] 滕朝阳,谢蓉,杨利春.论现代篮球移动技术的运用[J].成都体育学院学报,1999,(3):47-50.

此具有快速性和多变性的特征，此外在面对贴身紧逼的防守时，运动员还要通过合理的身体对抗移动到有利于进攻、接球、投篮或者争抢篮板球的位置，因此篮球中的移动还有对抗性的特征。在防守过程中，防守运动的目的是阻止对手移动到进攻危险的位置、防止对方摆脱自身的防守以及干扰对方实施运球、投篮和传接球，同时为实施抢断球创造有利条件。因此，以防守为目的的移动更加强调快速移动和身体对抗。从整体上看，快速性、对抗性和多变性是篮球比赛中移动技术的主要特征。

2. 运球

在篮球比赛中，持球运动员在原地或行进间用单手连续拍击由地面反弹起来的球的技术叫运球。运球是运动员的移动与控球的结合，是个人进攻中的重要技术，具备良好的运球技术可以帮助运动员有效地摆脱和突破对方的防守，能够创造传球、投篮得分的机会。运球的方法很多，按照球离地的高度可以分为高运球、低运球；按照运球过程中球所在位置的变化可以分为体前变向运球、胯下运球、背后运球、后转身运球。在实际运用中，运球技术往往以组合的形式连续使用[①]，例如，变向运球后使用背后运球或后转身运球再次改变方向，或者连续使用胯下运球后接变向运球。篮球比赛中运动员通过合理运球技术组合可以使防守队员无法正确判断进攻队员的移动方向，从而起到摆脱防守和获得投篮空间的作用。

随着现代篮球运动的发展，运球在进攻中的作用越来越凸显，优秀的外线队员往往运球重心低、控球范围大、让球从对手不易被抢断的空间快速变换位置，进而使对手无法有效地判断运球者的进攻意图，因此快速和多变是外线运动员运球技术的基本特征。优秀的内线运动员通常身材较为高大，但是速度相对较慢，因此内线队员需要利用身体对抗使自己尽可能地运球靠近篮筐并在身体对抗中完成投篮或扣篮，也可以通过灵活多变的后转身运球使自己摆脱防守并完成投篮。所以对抗性强和灵活多变是内线运动员运球技术的基本特征。从整体上看，"速度快、灵活多变、对抗性强"是当前篮球运动中运球技术的主要特征，不同位置的篮球运动员的运球技术特征也不同。

---

① 王金连，徐春林. 篮球变向运球突破组合技术的动作方法及其技术分析 [J]. 武汉体育学院学报，2002，(5)：69-70.

3. 投篮

投篮是持球运动员将球投入篮圈所采用的各种动作方法的总称。投篮是篮球运动区别于其他项目的重要特征，是篮球运动中最重要的技术之一，是比赛中唯一的得分手段。按照持球方式区分，投篮可以分为单手投篮、双手投篮。根据身体所处的空间位置，投篮可以分为原地投篮、行进间投篮和跳起投篮。按照投篮时手的位置和手接触球的方式，投篮技术可以分为 5 种基本方式，按照比赛中使用的百分比高低依次为头上投篮、低手上篮、勾手投篮、扣篮、补篮，其中头上投篮通常占到整体的 50% 以上[①]。

在比赛中，进攻端的技战术都是以创造投篮机会为目的的，与此同时，防守端的技战术都是以阻挠对方获得投篮机会为目的的，因此投篮是篮球比赛中争端焦点。投篮技术的效果，即是否得分，受多种因素的影响。研究显示，运动员的身体特征、运动经验、投篮距离、疲劳程度、防守干扰、投篮前的动作和行为和视觉干扰都是影响投篮效果的重要因素[②]。为了有效地减少防守运动员的干扰，进攻方的运动员通常从三个方面强化自身的投篮技术：一是提高急停跳投的能力；二是提高远距离投篮的能力，即三分球；三是提高对抗中完成投篮的能力。投篮技术仅仅是篮球技术中的一个关键环节，当单纯的投篮技术受到防守者严密防守时则必须采用组合投篮技术，才能发挥投篮技术的威力，因此急停跳投是篮球运动员最常用的摆脱防守后投篮的技术[③]。急停跳投要求运动员具备较好的协调性、腰腹力量和爆发力，从而作出快速且稳定的投篮动作。科比·布莱恩特的变向急停后仰跳投就是该技术运用的典范。随着运动员体能水平的不断提高，优秀外线运动员在篮球比赛中的三分球命中能够高达百分之四十以上，以史蒂芬·库里为代表的 NBA 三分球"神射手"均能够命中高达 10 个以上的三分球。此外詹姆斯·哈登的后撤步三分跳投更是远距离投篮技术的发展趋势，因此"射程更远"成了投篮技术发展的特征之一。与急停跳投和远距离投篮相对的是对抗中投篮。优秀运动员能够凭借优秀的身体素质在贴身防守的接触过程中完成投篮，甚至造成对

---

① 李宁，马潇曼. 对不同竞技水平篮球比赛投篮方式的研究[J]. 广州体育学院学报，2007，37（05）：98-100.

② 杨宗青，米靖，刘卉. 篮球投篮的运动特征研究进展[J]. 体育科学，2016，36（01）：79-90.

③ 李小英. 投篮技术的演变与篮球运动的发展[J]. 体育文化导刊，2007，(11)：56-57.

手防守犯规的情况下得分，因此对抗性也是投篮技术发展的特征之一[①]。从整体上看，"快速、稳定、对抗、射程更远"是当前篮球运动中投篮技术的主要特征。

4. 传、接球

传、接球是指在篮球比赛中，进攻端的运动员之间有目的地支配球、转移球的方法，是进攻端的运动员实施进攻战术的重要保障和具体手段。按照使用手的数量不同，通常将传、接球分为单手传、接球和双手传、接球。把传、接球分开进行分类时，接球通常按接球人接到球所处的身体位置进行划分，包括低部位接球、中部位接球、高部位接球。低部位接球通常指在髋关节以下的区域接到球，中部位接球通常指在髋关节与肩部之间的区域接到球，高部位接球通常指在肩部以上的区域接到球。按照传球时手的位置可以分胸前传球、肩上传球、头上传球、低手传球、体侧传球、背后传球、推拨传球和击地反弹传球。通过传、接球可以巧妙地打乱对方的防守并为接球人创造良好的投篮机会，最终实现得分目的。在传接球过程中，传球的一方需要根据场上情况将球传到队友手上，而好的传球通常具备"及时而果断、快速而巧妙、隐蔽而准确"的特征[②③]。对于接球的一方，要求运动员在对抗中占据有利的接球位置，或者通过快速、灵活、多变的跑动摆脱到空挡位置接球[④]。

5. 抢篮板球

在篮球比赛中，攻防两端的队员在占据有利空间的同时争夺投篮后没有得分的球称为抢篮板球。对进攻一方的运动员来说，争抢本方投出的未得分的球称为进攻篮板球或前场篮板球；对防守一方的运动员来说，争抢对方投出的未得分的球称为防守篮球板或后场篮板球。抢篮板球是获得球权和投篮机会的重要手段，是取得比赛胜利的重要因素，也是衡量运动员或运动队综合能力的指标之一。

抢篮板是一项在移动技术的基础上争夺篮球的综合技术，通常由抢位和抢球

[①] 谢庆芝，黄南洁. 论NBA投篮技术特征及其对我国篮球技术发展的影响力[J]. 南昌大学学报（人文社会科学版），2006，37（5）：134-137.

[②] 王全章，张勇. 试论篮球比赛中的中枢神经——传球[J]. 西安体育学院学报，2004，(S1)：82-83.

[③] 张彤. 浅论篮球传接球[J]. 成都体育学院学报，1995，(S2)：24-26.

[④] 马金凤，师永斌. 中美篮球著作中接球技术分析的比较[J]. 首都体育学院学报，2014，26（1）：52-27.

两个主要环节构成，而抢位通常是能够抢球的前提和基础。抢位是指通过移动、降低重心、身体对抗以及跳跃获得抢球的有利空间。抢球是指通过抓握球或点拨球使控球权掌握在抢球人本人手中或传球给抢球人的队友。防守方的抢篮板球是利用好自己位置优势的同时，挡住进攻队员的移动路线，即用"挡抢"的方式来抢得篮板球。进攻方的抢篮板球是利用预判、假动作摆脱防守队员的阻截，冲向篮球进行争夺，即用"冲抢"的方式来抢得篮板球。此外，进攻一方还可以在抢篮板球的同时进行空中补篮。内线运动员多用身体去抢位，外线运动员多用冲抢去抢球。因此，"对抗性强"是争抢篮球技术的最主要特征。

6. 抢、打、断球

抢、打、断球技术是篮球比赛中防守一方经常使用的技术，包括抢球、打球、断球、盖帽四种动作。抢球是指从进攻一方的运动员手中直接夺取球的方法，要求防守一方的运动员动作快而狠、果断而有力。打球是指直接击落双手持球、运球或行进间投篮状态下进攻一方运动员手中的球，要求防守队员快、准、有力。断球是指在进攻一方运动员传球的状态下截获对手的球。盖帽是指进攻一方的运动员投篮或上篮时，防守一方的运动员将刚出手的篮球击落的动作。盖帽具有很强的主动性和攻击性，要求防守队员反应快、跳得高。在当前进攻性防守指导思想的倡导下，以防守见长的一方通常贯彻贴身防守、积极拼抢、主动拦截的防守策略。因此，抢、打、断球技术的使用主要表现为"进攻性"的特征。

在攻防两端中，篮球技术的应用通常都以争夺有利的空间为首要目标，然后才能施展投篮、传接球和抢、打、断球技术。此外，由于不同位置的运动员其身体条件和场上的主要作用不同，也在技术使用上表现出其位置特点。例如，内线运动员由于身材相对高大且强壮，因此更多的是在对抗条件下移动、运球并更多地使用转身投篮、勾手投篮和扣篮。相比之下，外线运动员由于相对灵活，因此更多地在摆脱防守的情况下使用急停跳投或者远投。在争夺空间的过程中，运动员既可以通过快速、灵活、多变的移动或运球来创造空间，又可以通过力量在身体对抗中抢夺和占据空间。而投篮、传接球和抢、打、断球的使用则离不开稳定、准确。从整体上看，"快速、多变、对抗、稳定、准确"是当前篮球技术应用的主要特征，不同位置的篮球运动员在技术运用方面表现出差异。（表3-1）因此要有针对性地提高运动员的力量、速度和灵敏素质,并根据不同位置运动员的技术特点制定相应的体能训练计划。

表3-1 不同位置的篮球运动员的主要位置技术

	投篮	传球	运球	移动、接球	抢、打、断球	抢篮板球
内线	转身投篮 勾手投篮 扣篮	胸前传球 低手传球 头上传球	体侧运球 运球转身 运球转身	抢位接球 摆脱接球	盖帽 抢球	抢位为主 抢球为辅
外线	急停跳投 行进投篮 远距离投篮	体侧传球 胸前传球	变向运球 运球急停急起	抢位接球 摆脱接球	打球 断球	抢球为主 抢位为辅

(三)战术发展趋势及特征

篮球战术是指在篮球比赛中,运动员个人有目的地运用技术以及全体运动员之间相互协调配合,在攻守过程中实现特定战术目标的组织形式和方法[1][2]。运动训练学认为战术可以根据表现特点、参加战术行动的人数、攻防性质和普适程度进行分类。篮球战术按照攻防性质分为进攻战术和防守战术;按照进攻战术的节奏快慢可以分为快攻战术、抢攻战术和阵地进攻战术;按照防守战术的紧逼程度可以分为全场盯人防守、半场盯人防守和区域联防;按照参加战术行动的人数划分时,可以分为个人战术、多人战术和全都战术;按照普适程度划分时,篮球战术分为传切、突分、掩护、策应4个基本进攻战术和抢过、穿过、绕过、夹击、关门、补防、交换防守、围守中锋8个基本防守战术;篮球战术中特殊战术分为边线战术和底线战术,特殊战术通常围绕特定目的和具体比赛情况进行安排,例如在比赛即将结束、比分相持的情况下安排专门的战术实施最后一次进攻或者防守。

战术的产生和变化通常受规则改变的影响[3]。早期的篮球规则没有对每回合进攻的时间进行规制,因此出现了控制球并拖延时间的战术。当篮球规则将推进球

---

[1] 向惠农.现代篮球战术的内涵概述[J].武汉体育学院学报,1999,(4):64-66.
[2] 郑尚武.论篮球进攻战术系统的若干理论问题[J].北京体育大学学报,2003,(2):282-284.
[3] 徐校飞,李杰凯,许滨.中美篮球进攻战术体系研究[J].沈阳体育学院学报,2016,(6):81-85.

到前场的时间由10秒改为了8秒时，前场人盯人紧逼防守就变得流行起来。具体战术的选择通常是根据对手特点和比赛中的具体情况而定，例如著名的"砍鲨"战术就是利用对手罚球不准的特点故意提前犯规的战术。当前，引领世界篮球潮流的战术主要包括"四角进攻（4 corner offence）""普林斯顿进攻（Princeton offense）""快攻（fast break）""跑轰（run and gun）""小球（small ball）"[1]。"四角进攻""普林斯顿进攻"都是典型的阵地进攻战术，主要特点是以传切、突分、掩护、策应为主要方式摆脱对手的防守并创造投篮的机会，要求本队所有的队员都要积极跑动并参与配合，特别是要求内线运动员移动到三分线外进行掩护和策应，从而为外线运动员创造突分、传切、反跑和投篮的空间[2][3]。"快攻""跑轰"都以"进攻时间短"为主要特点，前者主要表现为从防守状态快速转换为进攻状态，将球快速从后场传到最靠近对方篮下的本方队员手中，形成"一打一"或"多打少"；后者是将球快速推进到前场，通过几次基本战术配合获得投篮机会，用尽可能短的时间完成投篮得分。"跑轰""快攻"的主要区别是前者需要多个较为稳定的投篮得分点，因此对全队的投篮命中率有较高的要求[4][5]。"小球"战术是当前NBA总冠军金州勇士赖以成名的进攻战术，它以牺牲身高、体力和低位攻防的方式，充分发挥外线队员的速度、敏捷和得分能力，以速度争取空间，即通过加快进攻的速度，分散对方的防守，获得更多的投篮和突破机会。实施小球战术的球队通常用一个较为灵敏的大前锋替代传统的高大且移动相对缓慢的中锋，而原本大前锋的位置且被一个更快、更敏捷的"锋位摇摆人"（既可以打小前锋、又可以打得分后卫的人）替代，他可以跑得比对方的大前锋快，且拥有更好的三分球命中率，因此使用小球战术的队伍通常也具备了实施"跑轰"战术的多点投篮能力[6][7]。

---

[1] basketball［EB/OL］.（2019-3-29）en.wikipedia.org/wiki/Basketball#Shooting.

[2] Four corners offense［EB/OL］.（2019-3-29）en.wikipedia.org/wiki/Four_corners_offense.

[3] Princeton offense［EB/OL］.（2019-3-29）en.wikipedia.org/wiki/Princeton_offense.

[4] Fast break［EB/OL］.（2019-3-29）en.wikipedia.org/wiki/Fast_break.

[5] Run and gun［EB/OL］.（2019-3-29）en.wikipedia.org/wiki/Run_and_gun_（basketball）.

[6] small ball（basketball）［EB/OL］.（2019-3-29）https：//en.wikipedia.org/wiki/Small_ball_（basketball）.

[7] 阮永福,郭永波,李强.现代篮球"跑轰"战术特征及应用的研究［J］.西安体育学院学报，2011，28（6）：729-734.

从当今世界篮坛引领潮流的主要战术的特点来看，战术都要求每一个运动员在跑动中创造投篮机会，因此也提倡更快的攻防节奏。从整体上看，"全员参与""跑动多""节奏快"是当今世界篮球战术发展的趋势和主要特征。而不同位置的篮球运动员在战术使用上有明显的位置特点，内线运动员主要使用挡拆和策应，外线运动员更多使用突分、传切。因此，要有针对性地提高运动员的耐力、力量和速度，并根据不同位置运动员的战术特点制定相订的体能训练计划。

（四）比赛负荷特征

作为动力、机械设备以及生理组织范畴的概念，负荷（亦称负载或载荷）是指设备或组织在单位时间负担的工作量或某一事物承受的重量。在体育语境下，运动负荷指运动者在体育教学、健身锻炼、竞技运动等活动中，在一定时间里完成的活动及承受的运动量度[①]。篮球运动的负荷指篮球运动员的身体在一定时间的训练和比赛中完成的活动及承受的运动量度。运动负荷通常可以分为外部负荷和内部负荷。外部负荷可以通过运动的距离、速度和持续时间等指标进行量化和评价。内部负荷是指运动员运动中承受的生理压力，一般通过心率，主观疲劳等级（RPE）、血乳酸等指标进行量化和评价。由于内部负荷受运动员体能水平，特别是运动机能的影响较大，因此放在后面关于篮球运动员机能特征的章节进行介绍和讨论，本节主要介绍和讨论外部负荷。

监控运动员在训练和比赛中承受的运动负荷是教练员工作的重要组成部分，客观、及时、准确地认识运动员在比赛中承受的负荷，有助于教练员认识运动员的疲劳程度，并实施有针对性的恢复手段。时间运动分析（time motion analysis）是教练员和科研人员认识运动员承受外部负荷的重要手段。过去，教练员和科研人员通过观看比赛或录像，统计运动员在比赛中完成的走、站立、跑、跳跃的数量，从而分析运动员在比赛中承受的负荷。后来，随着科技的进步，发展出了全球定位系统（简称GPS）技术和可穿戴设备。现在，人们可以通过GPS装置、计步器、加速度计、惯性装置等仪器定量地认识运动员在比赛中完成的各种运动，还包括各种加速、减速和变向。

[①] 田麦久. 运动训练学［M］. 北京：高等教育出版社，2017.

有研究显示，在一场 40 分钟的篮球比赛中，运动员要移动 4500 年～5000 米，并且以不同的速度完成跑步、运球、摆脱以及跳跃各种多方向的运动[1]。但是，比赛瞬息万变，运动员在比赛中的各种运动通常不可预测。因此，为了定量地研究运动员在篮球比赛中承受负荷，有研究人员从便于分析和识别的角度将篮球运动员比赛中的动作分为 8 大类：走或站立、慢跑、跑、冲刺跑、低强度滑步、中等强度滑步、高强度滑步和跳跃[2]（表 3-2）。在此基础上，后来的研究者按照速度将其划分为 11 类：站着不动、走、慢跑、跑、冲刺跑、跳跃、低强度（小于 6 千米/小时）的特定动作，中等强度（从 6 千米/小时到 9 千米/小时）的特定动作和高强度（$>9\ km.h^{-1}$）的特定动作（例如区别于普通的步行或跑步的滑步和脚步动作，如翻滚、倒退跑和交叉步跑），原地执行的特定动作（掩护/抢球和要位）以及传球（定义为球员的任何传球）。以上的 11 种动作和技术又可以分为四大类：高强度活动（跳跃、冲刺跑、高强度特定动作、原地执行的特定动作）、中等强度活动（跑、中等强度的特定动作和传球）、低强度活动（慢跑和低强度特定动作）、恢复活动（站着不动和走）[3][4]。此外，还有研究认为篮球比赛中运动员的动作最多可以分为 15 种[5]（表 3-3）。存在以上不同的分类标准说明，认识篮球本质特征的角度不同就会产生不同的分类方式。

---

[1] Crisafulli A, Melis F, Tocco F, et al.External mechanical work versus oxidative energy consumption ratio during a basketball field test［J］.Journal of Sports Medicine and Physical Fitness，2002，42（4）：409-417.

[2] Mcinnes S E, Carlson J S, Jones C J, et al.The physiological load imposed on basketball players during competition［J］.Journal of Sports Sciences，1995，13（5）：387-397.

[3] Abdelkrim N B, Fazaa S E, Ati J E, et al.Time-motion analysis and physiological data of elite under-19-year-old basketball players during competition［J］.British Journal of Sports Medicine，2007，41（2）：69-75.

[4] Delextrat A, Badiella A, Saavedra V, et al.Match activity demands of elite Spanish female basketball players by playing position［J］.International Journal of Performance Analysis in Sport，2015，15（2）：687-703（17）.

[5] Stojanovi E, Stojiljkovi N, Scanlan A T, et al.The activity demands and physiological responses encountered during basketball match-play: a systematic review［J］.Sports Medicine，2018，48（1）：111-135.

表 3-2 时间运动分析中 8 类动作模式划分情况一览表

名称	定义
走或站立	活动强度小于走路，或者与站立和行走的强度没有区别，包含运动员处于防御姿态但没有移动的状态
慢跑	向前或向后运动，比走强度大，但不剧烈
跑	向前或向后运动，强度比慢跑大，中等剧烈程度，但没有达到高强度运动
冲刺跑	高强度向前运动，以最大努力程度或接近最大努力程度为特征
低强度滑步	用脚的移动动作，通常在向侧面或向后移动，动作不急，以缓慢的脚步和直立的姿势为特征
中等强度滑步	以中等强度的滑步，达到中等剧烈程度，通常是中等频率脚步移动和直立的姿势，但是没有达到高强度滑步的状态
高强度滑步	以下蹲的姿势完成快速的脚步移动，以快速的脚点地和侧向移动重心为特征
跳跃	从跳跃动作开始到着陆完成的时间

表 3-3 时间运动分析中 15 类动作模式划分情况一览表

名称	定义	速度
走或站立	活动强度小于走路，或者与站立和行走的强度没有区别。包含运动员处于防御姿态但没有移动的状态	0～1 米/秒 或小于 1.67 米/秒
慢跑或低速跑	向前或向后运动，比走强度大，但不剧烈	1.1～3 米/秒 或 1～3 米/秒
跑或中速跑	向前或向后运动，强度比慢跑大，中等剧烈程度，但没有达到高强度运动，包括单脚支撑和悬空阶段	3.1～7 米/秒 或 3～5 米/秒
快跑或高速跑		大于 5 米/秒
冲刺跑或最高速跑	高强度向前运动，以最大努力程度或接近最大努力程度为特征	大于 7 米/秒
低强度特定动作	用脚的移动动作，通常在向侧面或向后移动，动作不急，以缓慢的脚步和直立的姿势为特征，走或站立之外的脚步活动	小于 2 米/秒或小于 1.672 米/秒

续表

名称	定义	速度
中等强度特定动作	以中等强度的滑步，达到中等剧烈程度，通常是中等频率脚步移动和直立的姿势，但是没有达到高强度滑步的状态	1.67~2.5 米/秒
高强度特定动作	以下蹲的姿势完成快速的脚步移动，以快速的脚点地和侧向移动重心为特征，	大于 2 米/秒或大于 2.5 米/秒
跳跃	从跳跃动作开始到着陆完成的时间，单腿或双腿起跳	
变向		
运球	运动员朝各个方向运球或主动占有球权	
上肢运动	任何上肢运动包单臂或双臂，这些运动被独立分析，不包括滑步、运球等其它运动	
侧向跑		大于 3.33 米/秒
传球	运动员做出的任何传球动作	
原地动作	掩护或要位	

使用时间运动分析研究篮球比赛负荷特征时通常将比赛的总时间分为主动活动的时间和静止时间两部分，其中静止时间指处在暂停、罚球和界外球的时间。国内相关研究结果显示，在篮球比赛的主动活动时间内运动员平均移动的距离为 5215±314 米，而按照比赛的总时间进行分析时，运动员平均移动的距离为 7039±446 米[1]。国内相关研究显示，篮球运动员整场比赛平均移动的距离为 5728.99 米[2]。从已有的研究看，没有受试者参与了整个 48 分钟的比赛，其中在场时间最长的研究对象为 44 分钟。比较不同位置运动员场上移动距离的研究显示，当按后卫、前锋和中锋进行位置划分时，后卫运动员在整场比赛的移动距离高于

---

[1] Scanlan A T, Dascombe B J, Reaburn P, et al.The physiological and activity demands experienced by Australian female basketball players during competition [J].Journal of Science and Medicine in Sport, 2012, 15（4）：341-347.

[2] 苑延刚，洪平，胡水清，艾康伟.CBA 优秀运动员比赛跑动特征的初步研究 [J].中国体育科技，2007，（04）：82-87.

前锋和中锋运动员，并存在统计学上的显著性差异[1]；当按组织后卫、得分后卫、小前锋、大前锋和中锋进行位置划分时，组织后卫和得分后卫在整场比赛的移动距离高于小前锋、大前锋和中锋[2]；当按外线和内线进行位置划分时，外线运动员在整场比赛的移动距离高于内线运动员[3][4]。

在篮球比赛中，运动员要根据场上的情况完成各种运动，平均每1~3秒改变1次活动[5]。使用时间运动分析研究篮球比赛负荷特征时通常按动作模式的分类进行统计。相关研究结果显示，当按后卫、前锋和中锋进行位置划分时，后卫运动员在整场比赛中完成各种动作次数多于前锋和中锋运动员；其中后卫运动员完成的高强度的滑步、冲刺跑和运球明显多于前锋和中锋运动员，后卫运动员在比赛中走或站立的时间明显少于前锋和中锋。高水平运动员在比赛中完成的高强度活动（速度大于3米/秒）的次数和时间都多于一般运动员[6]，说明高水平篮球比赛的运动负荷更大。从不同强度的活动占总比赛时间的角度看，国内优秀运动员比赛中的走动（速度小于3米/秒）的距离占总跑动距离的比例为64.7%，慢跑（速度为3~5米/秒）的距离占总跑动距离的比例为26.3%，快跑（速度为5~8米/秒）的距离占总跑动距离的比例为8.8%；高速跑（速度大于8米/秒）的

---

[1] Hulka K, Cuberek R, Beˇlka J.Heart rate and time-motion analyses in top junior players during basketball matches. [J].Acta Universitatis Palackianae Olomucensis Facultatis Medicae, 2013, 43 (3): 27-35.

[2] Oba W, Okuda T.A cross-sectional comparative study of movement distances and speed of the players and a ball in basketball game.[J].International Journal of Sport Health Science,2008, (6): 203-212.

[3] Scanlan A, Dascombe B, Reaburn P.A comparison of the activity demands of elite and sub-elite Australian men's basketball competition [J].Journal of Sports Sciences, 2011, 29 (11): 1153-1160.

[4] Rodriguez-Alonso M, Fernandez-Garcia B, Perez-Landaluce J, et al.Blood lactate and heart rate during national and international womens basketball [J].Journal of Sports Medicine and Physical Fitness, 2003, 43 (4): 432-436.

[5] Klusemann M J, Pyne D B, Hopkins, W G, and Drinkwater E J.Activity profiles and demands of seasonal and tournament basketball competition [J].International Journal of Sports Physiology and Performance, 2013 (8): 623-629.

[6] Scanlan A T, Tucker P S, Dascombe B J, et al.Fluctuations in activity demands across game quarters in professional and semiprofessional male basketball [J].Journal of Strength and Conditioning Research, 2015, 29 (11): 3006-3015.

距离占总跑动距离的比例 0.3%。因此，篮球比赛主要是以有氧代谢为主的长时间运动。国外的同类研究显示，篮球比赛中高强度活动占总时间的 15%（冲刺跑），中等强度活动占总时间的 65%，低强度活动占总时间的 20%（走或站立），因此篮球运动员需要有氧和无氧混合供能。也有学者认为，由于球场的面积小、比赛中起关键作用的动作通常是短促而快速的加速跑和跳跃以及运动员在罚球和暂停期间进行休息，因此决定比赛胜负的往往是运动员的无氧工作能力，而非有氧工作能力[1]。

从篮球运动的外部负荷特征看，篮球比赛具有比赛时间长，移动距离长，低强度活动占比多，但动作变化频繁，高强度活动起决定性作用的特征，因此要求具备一定有氧工作能力作为运动员体能的基础条件。相比之下，高水平运动员能够完成更多的高强度运动，还需要具备较好的移动、变向、加速、减速、跳跃以及无氧工作能力，需要在体能训练中需要重点强化力量、速度、灵敏和耐力素质。从位置差异看，相比于内线运动员，外线运动员在比赛中移动距离更长、完成的高强度运动更多、承受的运动负荷更大，因此外线运动员对身体机能和运动素质的要求更高。

（五）损伤特征

运动总是伴随着损伤，篮球运动也不可避免地会发生损伤。相关调查显示，在美国高中的学生运动员中，每 1000 次篮球运动就会发生 1.94 次损伤，其中比赛导致的损伤率为 3‰，而训练中的损伤率占比接近 1.5‰，其中女子运动员的损伤率略高于男子运动员；按照百分比排序，发生损伤的主要部分依次为脚或踝关节（39.7%）、膝盖（14.7%）、头或面部（13.6%）、手臂（9.6%）以及屁股和大腿（8.4%），其中女子运动员的损伤主要是脑震荡和膝盖损伤，男子运动员的损伤主要是骨折和挫伤[2]。在美国大学生体育联盟（NCAA）中，篮球比赛导致

---

[1] Crisafulli A, Melis F, Tocco F, et al. External mechanical work versus oxidative energy consumption ratio during a basketball field test [J]. Journal of Sports Medicine and Physical Fitness, 2002, 42 (4): 409–417.

[2] Borowski L A, Yard E E, Fields S K, Comstock R D. The epidemiology of US high school basketball injuries, 2005–2007 [J]. The American Journal of Sports Medicine, 2008, 36 (12): 2328–2335.

的损伤是训练的两倍，其中男子运动员在比赛和训练中的损伤率分别达到了接近10‰和4‰，女子运动员在比赛和训练中的损伤率分别为6.5‰和2.84‰[1]。在NCAA男子组的比赛中，损伤发生的主要部位按照百分比排序依次为脚踝扭伤（24.6%）、膝内侧错位（internal knee derangement）（7.4%）、半月板损伤（2.4%）、大腿挫伤（9.6%）以及脑震荡（8.4%）[2]。在NCAA女子组的比赛中，损伤发生的主要部位按照百分比排序依次为脚踝扭伤（26.2%）、膝内侧错位（internal knee derangement）（15.9%）、脑震荡（6.5%）以及半月板损伤（2.4%）。在WNBA和NBA的比赛中，运动员的损伤率分别为24‰和19‰，其中下肢损伤的占比达到56%[3]。从整体上看，篮球运动的损伤率在24‰到2‰之间，职业运动员在比赛和训练中的损伤率明显高于学生运动员，在不同年龄和联赛中男子运动员的损伤率皆高于女子运动员；脚踝和膝盖是篮球运动员损伤发生的主要部位，最常见损伤包括脚踝扭伤、前十字韧带损伤、半月板损伤[4][5][6]。运动康复的相关理论认为，人体的肌肉具有协同工作的特征，并且以"动力链"的形式共同完成某个动作，篮球运动员常见的脚踝和膝盖损伤不仅是由于关节周围的肌群力量相对不足，还可能是因为肌群所属的动力链上的其他肌肉力量薄弱，从而加重了损伤关节周围肌群的负担，脚踝、膝盖的损伤一定程度上是由于下肢力量薄弱，特别是臀肌。因此，篮球运动员要将下肢力量作为体能训练的重要组成部分，并且通过有针对性的训练实现预防损伤的目标。

---

[1] Agel J, Olson D E, Dick R, et al.Descriptive epidemiology of collegiate women's basketball injuries: National Collegiate Athletic Association Injury Surveillance System, 1988–1989 through 2003–2004 [J].Journal of athletic training, 2007, 42（2）: 202–210.

[2] Deitch J R, Starkey C, Walters S L, Moseley J B.Injury risk in professional basketball players: a comparison of Women's National Basketball Association and National Basketball Association athletes [J].American Journal of Sports Medicine, 2006, 34（7）: 1077–1083.

[3] McCarthy M, Voos J E, Nguyen J T, et al.Injury profile in elite female basketball athletes at the Women's National Basketball Association Combine [J].The American Journal of Sports Medicine, 2013, 41（3）: 645–651.

[4] Newman J S, Newberg A H.Basketball Injuries [J].Radiologic Clinics of North America, 2010, 48（6）: 1095–1111.

[5] Trojian T H, Cracco A, Hall M, et al.Basketball injuries: caring for a basketball team [J].Current Sports Medicine Reports, 2013, 12（5）: 321–328.

[6] 殷学锋，常燕，郑师超.篮球运动中常见损伤的防治方法 [J].武汉体育学院学报，2002，36（6）: 53–54.

三、篮球运动员体能特征

（一）身体形态

在篮球比赛中，篮筐距离地面的高度为3.05米，因此如何更靠近篮筐投篮或者减少防守人员对自己的干扰成了篮球比赛中争夺的焦点。当今篮球比赛中，运动员身体接触频繁，越靠近篮筐的区域对抗越激烈，身材高大、四肢较长、体重较重者在这种情况下占据了更大的优势。在进攻时，身材高大、四肢较长者在投篮时的出手点更高，使对手很难对其形成有效的封盖和干扰；在防守时，身材高大、四肢较长者的防守范围更大，缩短了对手与自己的距离，有利于抢断、干扰和封盖对方的球。有目的的训练可以从维度、充实度和体成分方面改善运动员身体形态，帮助运动员获得更具有统治力和对抗性的身体。但是，对于身体发育成熟的运动员，训练无法改善其身体形态的长度方面（例如身高、臂长）。因此，篮球运动员的"理想"身体形态应该主要包括以先天遗传因素为主导的长度方面和以后天训练因素为主导的维度、充实度、体成分方面。

1. 身高和臂展

身高较高是篮球员运动员区别于其他项目运动员的主要特征，绝大多数优秀的篮球运动员都拥有较高的身高。但是对篮球运动员来说，身高方面的先天优势对于内线运动员更加重要，以入选2019年NBA全明星赛的内线运动员和入选2019年CBA全明星赛的内线运动员为例，平均身高分别达到2.09米和2.07米。相比之下，入选2019年NBA全明星赛的外线运动员和入选2019年CBA全明星赛的外线运动员的平均身高分别为1.93米和1.95米。臂展是指两臂侧向最大限度地水平伸展时，两中指指尖点之间的直线距离，也称"指距""两臂展开宽"。臂展较长的运动员具有更高的出手高度和更大的触球空间，并且在攻防两端都能发挥出更大的优势，因此臂展是评价篮球运动员先天条件的重要评价指标。臂展能起到弥补身高劣势的作用，某些运动员尽管身高条件并不突出，但是臂展长度比身高长出15厘米以上（例如伦纳德、杜兰特）。以入选2019年NBA全明星赛的运动员为例，内线运动员的臂展长度平均能够达到220厘米，外线运动员的臂展长度平均能够达到203厘米，内线运动员和外线运动员的臂展长度都比平

均身高多出约 10 厘米，因此说明绝大部分优秀运动员往往拥有优秀的臂展条件。（表 3-4、表 3-5）

表 3-4　入选 2019 年 NBA 全明星赛的内线男子运动员的身体形态基本情况一览表

姓名（英文）	姓名（中文）	身高（厘米）	臂展（厘米）	体重（千克）	克拖莱指数
Nikola Vučević	尼古拉·武切维奇	213	225	101	474
Blake Griffin	布雷克·格里芬	208	211	113	543
Khris Middleton	克里斯·米德尔顿	203	210	101	498
Joel Embiid	乔尔·恩比德	218	228	113	518
Giannis Antetokounmpo	扬尼斯·阿德托昆博	211	224	110	521
Kawhi Leonard	科怀·伦纳德	201	221	104	517
Kevin Durant	凯文·杜兰特	211	225	109	529
Paul George	保罗·乔治	206	211	100	485
LeBron James	勒布朗·詹姆斯	203	210	113	557
Anthony Davis	安东尼·戴维斯	208	227	115	553
LaMarcus Aldridge	拉马库斯·阿尔德里奇	211	225	118	559
Nikola Jokic	尼古拉·约基奇	213	221	113	531
Karl-Anthony Towns	卡尔-安东尼·唐斯	213	222	112	526
Dirk Nowitzki	德克·诺维茨基	213	215	111	521
	平均	209	220	109.5	524

材料来源：以上数据根据维基百科和虎扑体育网站的相关信息进行整理所得。

表 3-5　入选 2019 年 NBA 全明星赛的外线男子运动员的身体形态基本情况一览表

姓名（英文）	姓名（中文）	身高（厘米）	臂展（厘米）	体重（千克）	克拖莱指数
Kemba Walker	肯巴·沃克	185	192	83	449

续表

姓名（英文）	姓名（中文）	身高（厘米）	臂展（厘米）	体重（千克）	克拖莱指数
Kyrie Irving	凯里·欧文	191	193	88	461
Kyle Lowry	凯尔·洛瑞	185	-	89	481
Victor Oladipo	维克多·奥拉迪波	193	206	95	492
Bradley Beal	布拉德利·比尔	196	203	94	480
Ben Simmons	本·西蒙斯	208	214	104	500
Dwyane Wade	德伦·韦德	193	210	100	518
D'Angelo Russell	丹吉洛·拉塞尔	196	208	90	459
Stephen Curry	史蒂夫·库里	191	192	86	450
James Harden	詹姆斯·哈登	196	210	100	510
Russell Westbrook	拉塞尔·威斯布鲁克	191	203	91	476
Damian Lillard	达米恩·利拉德	191	203	88	461
	平　均	193	203	92.3	478

材料来源：以上数据根据维基百科和虎扑体育网站的相关信息进行整理所得。

2. 维度和充实度

随着篮球运动的发展和规则的修订，运动员在比赛中的身体对抗越来越激烈，例如合理冲撞区附近争夺有利的位置或"一对一"要位单打需要运动员进行身体对抗。此外，与一般运动员相比，优秀运动员往往也具有较大的体重。以入选 2019 年 NBA 全明星赛和入选 2019 年 CBA 全明星赛的男子运动员为例，NBA 优秀内线男子运动员和外线男子运动员的体重平均为 109.5 千克和 92.3 千克，而 CBA 优秀男子内线运动员和男子外线运动员的体重平均为 107 千克和 88 千克。（表 3-4、表 3-5、表 3-6、表 3-7）在身体对抗过程中，体重相对较重者会占据优势，因此篮球运动员对自身体重也应该有一定的要求。

表 3-6 入选 2019 年 CBA 全明星赛的内线男子运动员的身体形态基本情况一览表

姓名	身高（厘米）	臂展（厘米）	体重（千克）	克拖莱指数
易建联	213	224	116	545
王哲林	214	211	110	514
胡金秋	210	214	90	429
韩德君	215	219	133	619
翟晓川	204	205	100	490
付 豪	207	-	100	483
沈梓捷	207	218	100	483
吴冠希	208	218	106	510
陶汉林	208	213	120	577
时德帅	205	-	97	473
平 均	209	-	107	512

资料来源：以上数据根据 CBA 和新浪体育网站的相关信息进行整理所得。

表 3-7 入选 2019 年 CBA 全明星赛的外线男子运动员的身体形态基本情况一览表

姓名	身高（厘米）	臂展（厘米）	体重（千克）	克拖莱指数
李 根	196	203	110	561
阿不都沙拉木	202	210	91	450
周 鹏	206	210	80	388
赵 睿	195	-	90	464
吴 前	191	200	86	450
郭艾伦	192	198	85	443
方 硕	188	-	80	426
张驰宇	191	-	76	398
陈林坚	197	-	95	482
平 均	195	-	88	451

资料来源：以上数据根据 CBA 和新浪体育官网的相关信息进行整理所得。

除了身高、体重之外，当前对篮球运动员的身体形态的研究主要还涉及围度和体脂百分比，并且按照运动员的年龄段、场上位置和竞技水平进行分组和比较。体脂含量、皮脂厚度是反映篮球运动员身体充实度、肌肉质量和力量水平的重要指标，除个别研究使用体成分测试仪，多数研究使用皮脂厚度推算体脂含量，其中多数研究使用4点皮脂（部位：二头肌、三头肌、肩胛下部、髂嵴）和7点皮脂（部位：二头肌、三头肌、肩胛下部、髂嵴、腹部、大腿前部、小腿中部）推算体脂含量的方法。现有研究显示，优秀男子篮球运动员的体脂含量通常在12%以下，近年来欧洲职业联赛水平的男篮运动员的体脂平均为10%左右，NBA的新秀运动员的体脂含量明显低于欧洲主要联赛的运动员，优秀内线球员在9%左右、优秀外线球员在7%左右；优秀女子篮球运动员的体脂含量在19%以下。四肢维度也能够反映运动员身体充实度、肌肉质量和力量水平，优秀男子篮球运动员大臂围、大腿围、小腿围分别达到37.52±0.56厘米、61.46±1.21厘米和40.1±0.56厘米，优秀女子篮球运动员分别达到29.8±2.4厘米、52.6±4厘米、36.5±2.8厘米。

对成年男子篮球运动员的研究显示，中锋通常比前锋和后卫更高、更重，且体脂百分比更高[1][2][3][4]。对U18、U20和成年优秀男子篮球运动员的研究显示，U18组的运动员的身高、体重都明显低于U20组和成年组的运动员，而U18组的运动员的体脂百分比明显高于另外两组[5]。对同一国家（土耳其、西班牙、法国）高等级联赛和低等级联赛的男子篮球运动员的身体形态进行比较的研究显示，高

---

[1] Boone J, Bourgois J.Morphological and Physiological Profile of Elite Basketball Players in the Belgian Competition[J].International Journal of Sports Physiology and Performance,2013,8(6): 630-638.

[2] Sallet P, Perrier D, Ferret J M, et al.Physiological differences in professional basketball players as a function of playing position and level of play [J].Journal of Sports Medicine and Physical Fitness, 2005, 45（3）: 291-294.

[3] Gocentas A, Jascaniniene N, Stanislaw Poprzęcki, et al.Position-Related Differences in Cardiorespiratory Functional Capacity of Elite Basketball Players [J].Journal of Human Kinetics, 2011, 30（1）: 145-152

[4] Ostojic S M, Mazic S, Dikic N.Profling in basketball: physical and physiological characteristics of elite players.Journal of Strength and Conditioning Research, 2006, 20（4）: 740-744.

[5] Abdelkrim N B, Chaouachi A, Chamari K, et al.Positional role and competitive-level differences in elite-level men's basketball players [J].Journal of Strength and Conditioning Research, 2010, 24（5）: 1346-1355.

等级联赛的运动员的平均身高、体重、臀围和大腿围都高于低级联赛的运动员，而高等级联赛的运动员的体脂百分比与低等级联赛的运动员相比则更低，对女子篮球运动员的研究结果与男子相同[①]。当把运动员按场上位置划分为后卫、前锋和中锋进行比较时，中锋和前锋都比后卫的身高更高、体重更重。从整体上看，与一般运动员相比，优秀运动员的体重百分比相对较低，但是身高更高，臂展更长，体重、臀围和大腿围也较大，这说明优秀运动员的肌肉维度更大、含量更多。因此，优秀篮球运动员身体形态特征以"身材高大、臂长明显大于身高、身体重、四肢粗壮、肌肉线条较为明显"为外在表现形式，反映其身体形态的测试指标呈现的结果为：身高较高、臂展较长、体重较重、克托莱指数较大、四肢维度较大、体脂百分比较低。从不同位置运动员的差异看，与后卫运动员相比，中锋的身高更高、体重更大。

（二）身体机能

篮球比赛的规则规定每场比赛分四节，每节比赛10分钟，中场休息15分钟，第1节与第2节之间、第3节与第4节之间各休息2分钟，期间允许5次暂停，每次1分钟。因此一场篮球比赛通常会进行90分钟以上，个别场次甚至会到达120分钟以上，在此期间运动员要攻防两端重复完成各种高强度的冲刺跑、变向、突破、跳跃以及各种要位、身体接触和争取篮板球。进攻时间的规则由30秒减少为24秒，运球推进过前场的时间由10秒减少为8秒，运动员双方争球形式由跳球改为轮流交换球权，使篮球比赛的攻防回合明显增加，因此对篮球运动员的身体机能提出了更高的要求。较长的比赛持续时间要求运动员的有氧供能系统具备良好的机能状态和供能能力，在比赛中重复完成各种短时高强度运动要求运动员的ATP-CP供能系统和糖酵解供能系统具备良好的机能状态和供能能力。此外，不同位置运动员在场上的作用和分工不同，所表现出来的技战术特征和活动方式也不同，因此不同位置的篮球运动员的机能特征也有所区别。内线运动员主要负责内线的进攻、防守、争抢篮板球，或者移动到外线进行掩护、策应，通常在3秒区内到3分线的弧顶的范围内移动。内线运动员与外线运动员相比，在

[①] Garcia-Gil M, Torres-Unda J, Esain I, et al.Anthropometric parameters, age, and agility as performance predictors in elite female basketball players[J].Journal of Strength and Conditioning Research，2018，32（6）：1723-1730.

整体比赛中的活动范围相对较小，在比赛中完成冲刺跑动次数也相对较少，但是完成的跳跃和身体对抗相对较多。外线运动员主要在外线进行进攻和防守，在场上的活动范围较大，需要完成各种摆脱防守、突破或者盯人防守，需要完成快速的冲刺、变向、转身等跑动。因此不同位置的篮球运动员在运动机能上也会表现不同的特点。当前，针对篮球运动员身体机能的研究通常使用摄氧量、心率、血乳酸、无氧功等指标。此外，血红蛋白、红细胞、红细胞比容、血睾酮、皮质醇、血尿素和肌酸激酶等血液、尿液和唾液指标也是评定篮球运动员机能状态的指标。

1. 最大摄氧量

最大摄氧量是运动员机体摄入、运输和利用氧的能力，能够较为综合地反映人体的机能状态，并且主要反映人体的有氧工作能力。关于篮球运动员最大摄氧量的研究显示：在使用心率监测系统的情况下，在一场完整的比赛中，澳大利亚优秀青年男子篮球运动员的最大摄氧量为51.2±3.4毫升/千克/分钟[1]，我国大学生运动员的最大摄氧量为35.8±4.3毫升/千克/分钟[2]。在训练课中，澳大利亚优秀青年男子运动员在防守、进攻、5对5练习中的最大摄氧量分别达到45.1±3.6毫升/千克/分钟、42.3±3毫升/千克/分钟和42±5.1毫升/千克/分钟[3]；意大利优秀青年男子运动员在5对5、3对3、2对2练习中的最大摄氧量分别达到39±7.2毫升/千克/分钟、42±7.5毫升/千克/分钟和45±6.5毫升/千克/分钟[4]。

在实验室跑台测试中，优秀成年男子篮球运动员的最大摄氧量为51.9±4.1

---

[1] Paul G M, David B P, Clare L M. The Physical and Physiological Demands of Basketball Training and Competition [J]. International Journal of Sports Physiology and Performance, 2010, 5 (1): 75-86.

[2] 程冬美."大超联赛"比赛中运动员心率及相关生理指标特征研究 [J]. 中国学校体育（高等教育），2014（11）：84-89.

[3] Ferioli D, Rampinini E, Bosio A, et al. The physical profile of adult male basketball players: Differences between competitive levels and playing positions [J]. Journal of Sports Sciences, 2018, 36 (22): 2567-2574.

[4] Castagna, C, Impellizzeri, F, ChaouachiA, et al. Physiological responses to ball-drills in regional level male basketball players [J]. Journal of Sports Sciences, 2011 (29) 1329-1366, 2011.

毫升/千克/分钟[①]。优秀大学生男子和女子篮球运动员的最大摄氧量分别达到36.9±2.6毫升/千克/分钟、33.4±4毫升/千克/分钟[②]。

在20米多级折返跑测试中，土耳其职业男子篮球运动员的最大摄氧量为43.5±7.8毫升/千克/分钟，当后卫、前锋和中锋三个位置对运动员进行分组比较时，后卫运动员与中锋运动员存在显著性差异；塞尔维亚优秀男子篮球运动的最大摄氧量平均为49.8±4.09毫升/千克/分钟，后卫、前锋运动员与中锋运动员存在显著性差异。

在1型Yo-Yo间歇恢复测试中，意大利优秀成年男子篮球运动员和青年男子篮球运动员的最大摄氧量分别为60.9±6.26毫升/千克/分钟和50.36±3.98毫升/千克/分钟[③]；当按场上位置将运动员分为五组时，组织后卫的最大摄氧量明显高于其他四个位置的运动员，而其他四个位置运动员的最大摄氧量不存在显著性差异。当按内线（组织后卫、得分后卫和小前锋）和外线（大前锋和中锋）分为两组时，外线运动员的最大摄氧量（52.17±8.661毫升/千克/分钟，范围：35.6～66.3）明显高于内线（46.23±5.576毫升/千克/分钟，范围值：36.2～53.3），对比利时优秀篮球运动员的研究也有类似的结果。不同位置的男子篮球运动员的最大摄氧量存在显著性差异（后卫大于前锋、前锋大于中锋）。但是，也有研究发现中锋、前锋、后卫在最大摄氧量方面不存在显著性差异。而当按联赛等级进行区分时，高级别联赛的运动员的最大摄氧量（53.7±6.7毫升/千克/分钟）明显低于低等级联赛的运动员（56.5±7.7毫升/千克/分钟）。

当按年龄分组（U18、U20和成年组）研究优秀男子篮球运动员最大摄氧量时，最大摄氧量值最高的是成年组（59.88±5.26毫升/千克/分钟），其次是U20组（55.43±4.62毫升/千克/分钟），最低是U18组（50.78±4.38毫升/千克/分钟），各组别运动员的最大摄氧量相互之间都存在显著性差异。

[①] Stojanovic M D, Ostojic S M, Calleja-González J, et al.Correlation between explosive strength, aerobic power and repeated sprint ability in elite basketball players［J］.Journal of Sports Medicine and Physical Fitness，2012，52（4）：375-381.

[②] Narazaki K, Berg K, Stergiou N, et al.Physiological demands of competitive basketball［J］.Scandinavian Journal of Medicine and Science in Sports，2009，19（3）：425-432.

[③] Castagna C, Chaouachi A, Rampinini E, et al.Aerobic and Explosive Power Performance of Elite Italian Regional-Level Basketball Players［J］.Journal of Strength and Conditioning Research，2009，23（7）：1982-1987.

在 2 型 Yo-Yo 间歇恢复测试中，职业男子篮球运动员的最大摄氧量为 53.38±2.6（范围值 50.2~61.07）毫升/千克/分钟，而使用气体分析测得的最大摄氧量实际值为 47.59±4.86 毫升/千克/分钟（范围：38.95~57.75）[①]。

从整体上看，不同测试环境和方法测出的最大摄氧量值也不同：比赛中测得的最大摄氧量值往往高于训练中的测试结果，优秀篮球运动员能达到 60 毫升/千克/分钟，一般运动员通常能达到 50 毫升/千克/分钟以上，成年运动员的最大摄氧量高于青年运动员，后卫的最大摄氧量高于前锋和中锋，同一国家的高水运动员的最大摄氧量高于一般运动员。

2. 心率

心率是指心脏每分钟勃起的次数，主要反映运动员的心功能和承受运动负荷（内部负荷）的情况。在一场完整的比赛中，西班牙职业男子运动员的最大心率和平均心率分别达到 198.93±9.3 次/分钟和 158±10 次/分钟[②]；澳大利亚职业男子篮球运动员大的最大心率和平均心率分别达到 188±7 次/分钟和 168±9 次/分钟，其中心率达到最大心率 85% 的时间占总比赛时间的 75%；澳大利亚优秀青年男子篮球运动员的最大心率和平均心率分别达到 173±6 次/分钟和 162±7 次/分钟；我国大学生男子运动员的最大心率和平均心率分别达到 194±13 次/分钟和 158±10 次/分钟。在 2 型 Yo-Yo 间歇恢复测试中，职业男子篮球运动员的最大心率达到 179.90±6.27（范围值 170~189）次/分钟。

在比赛中，巴西大学生体育联盟女子篮球运动员的最大心率达到每分钟 187±7 次，心率超过最大心率的 85% 的时间占总比赛时间的 80.4%[③]。西班牙国家队和职业队的女子篮球运动员的最大心率分别达到 195 次/分钟以上和 188 次/分钟以上，平均心率分别达到 182 次/分钟以上和 163 次/分钟以上；优秀 U19 女

---

① Gürses V, Akgül M Ş, Ceylan B, et al.The Yo-Yo IR2 test in professional basketball players [EB/OL].（2019-3-29）https：//www.researchgate.net/publication/323685813_The_Yo-Yo_IR2_test_in_professional_basketball_players

② TorresRonda, Lorena, Ric, et al.Position-Dependent Cardiovascular Response and Time-Motion Analysis During Training Drills and Friendly Matches in Elite Male Basketball Players[J]. Journal of Strength and Conditioning Research, 2016, 30（1）：60.

③ Matthew D, Delextrat A .Heart rate, blood lactate concentration, and time-motion analysis of female basketball players during competition[J].Journal of Sports Sciences, 2009, 27（8）：813-821.

子篮球运动员的心率超过最大心率 85% 的时间占总比赛时间的 75% 以上[1]。在训练中，高中女子篮球运动员的在半场 3 对 3 和全场 3 对 3 练习中的心率分别达到 161.8±6.2 次/分钟和 180.9±5.7 次/分钟[2]。

按照位置分组比较篮球运动员心率的研究显示，后卫运动员在比赛中的最大心率明显高于中锋运动员（西班牙男子篮球运动员、土耳其男子篮球运动员、西班牙女子篮球运动员）[3]，部分研究显示后卫运动员、前锋运动员和中锋运动员在比赛中的心率没有显著性差异（成年男子篮球运动员）[4]。对不同竞技水平篮球运动员的研究显示，高水平运动员在比赛中的平均心率显著高于一般运动员[5]。以我国大学运动员为对象的研究显示，在整场比赛中后卫的高心率（大于 180 次/分钟）持续时间、平均心率都高于中锋和前锋，而前锋和中锋之间不存在显著性差异。从整体上看，比赛中男子运动员的心率范围为 158±10 次/分钟到 198.93±9.3 次/分钟，运动员心率超过最大心率的 85% 的状态占总比赛时间的 75% 以上，女子运动员与男子运动员类似。运动员在高水平比赛中的最大心率和平均心率都较高。在优秀运动员中，外线运动员的最大心率、平均心率普遍高于内线运动员。

3. 血乳酸

血乳酸是糖酵解供能系统的代谢产物，能够综合地反映运动员的有氧和无氧工作能力以及承受内部负荷的情况。对美国大学生篮球运动员进行的研究显示，

---

[1] Vencúrik T, Nykodým J, and Struhár, I.Heart rate response to game load of U19 female basketball players [J].Journal of Human Sport and Exercise，2015（10）：410-417

[2] Atl H，Küklü，Yusuf, Alemdaro Lu U，et al.A Comparison of Heart Rate Response and Frequencies of Technical Actions Between Half-Court and Full-Court 3-A-Side Games in High School Female Basketball Players[J].Journal of Strength and Conditioning Research,2013,27(2): 352-356.

[3] Vaquera JimenezA, RefoyoI, VillaJ, et al.Heart rate responses to game-play in professional basketball players [J]Human Sport Exerc，2008（3）：1-9.

[4] Puente C, Abián-Vicén, Javier, Areces F, et al.Physical and physiological demands of experienced male basketball players during a competitive game [J].Journal of Strength and Conditioning Research，2017, 31（4）：956-962.

[5] Ben Abdelkrim N, Castagna C, El Fazaa S, et al.The effect of players' standard and tactical strategy on game demands in men's basketball [J].Journal of Strength and Conditioning Research，2010, 24（10）：2652-2662.

参与20分钟的教学比赛后，男子运动员的血乳酸平均值为4.2±1.3毫摩尔/升，女子运动员的血乳酸平均值为3.2±10.9毫摩尔/升。在比赛中，澳大利亚职业男子篮球运动员的血乳酸的最大值为8.5±3.1毫摩尔/升，平均值为6.8±2.8毫摩尔/升。巴西大学生体育联盟女子篮球运动员的血乳酸的最大值为8.1~11.8毫摩尔/升，平均值为5.2±2.7毫摩尔/升。在比赛中，我国大学男子篮球运动员的血乳酸平均值为4.95±0.63毫摩尔/升[1]。对入选西班牙国家队和参加高等级联赛的女子篮球运动员的研究显示，优秀女子篮球运动员比赛中血乳酸平均为5.0±2.3毫摩尔/升，后卫运动员比赛中的血乳酸显著高于前锋运动员和中锋运动员。

在2型Yo-Yo间歇恢复测试后，职业男子篮球运动员的血乳酸为12.68±2.4（范围值7.8~18.9）毫摩尔/升。意大利优秀青年男子运动员在5对5、3对3、2对2练习后的血乳酸分别4.2±1.8毫摩尔/升、6.2±2.3毫摩尔/升和7.8±1.2毫摩尔/升。在高强度间歇测试后，参加意大利Division 1联赛、Division 2联赛、Division 3联赛和Division 4联赛的四组男子运动员的血乳酸值分别为4±1.6毫摩尔/升、5±1.5毫摩尔/升、6.5±2.6毫摩尔/升和9.9±3.1毫摩尔/升。在6分钟定速跑（13.5千米/时）测试后，参加意大利Division 1联赛、Division 2联赛、Division 3联赛和Division 4联赛的四组男子运动员的血乳酸分别为3.7±1.1毫摩尔/升、3.8±1.2毫摩尔/升、4±1.9毫摩尔/升和5.8±2.3毫摩尔/升。

从整体上看，不同环境下篮球运动员血乳酸的测试结果不同，比赛中测得的血乳酸值高于训练课中测得的血乳酸值；在同一测试条件下，高水平篮球运动员的血乳酸值较低，外线运动员比赛中的血乳酸值高于内线运动员。

4. 无氧功率

无氧功率主要是反映运动员无氧工作能力的指标。在30秒功率自行车测试中，希腊优秀成年、U18和U15篮球运动员的最大无氧功率峰值分别为1039±118瓦、848±112瓦和700±124瓦，平均无氧功率分别为792±94瓦、

---

[1] 徐建华.CUBA男子运动员比赛负荷特征及专项运动素质评价的研究［D］.苏州：苏州大学，2011.

669±76 瓦和 514±100 瓦，疲劳指数分别为 44.73±5.1、42.7±7.4、47.8±9.1[①]；职业联赛水平的中锋、前锋和后卫运动员的最大无氧功率（相对值）分别达到 11.1±2.1 瓦、12.7±3.5 瓦和 13.1±1.7 瓦，疲劳指数分别为 56.3±11.5、58.1±9.3、63.8±14.7，但不存在显著性差异；我国优秀少年男子篮球运动员的最大无氧功率和平均无氧功率分别为 880.03±192.12 瓦和 698.27±156.14 瓦，疲劳指数为 39.01[②]；我国优秀少年女子篮球运动员的最大无氧功率和平均无氧功率分别为 582.2±92.8 瓦和 469.7±63.8 瓦，疲劳指数为 35.78[③]；高等级联赛的运动员的最大无氧功率和疲劳指数高于低等级联赛的运动员，两组间的疲劳指数存在显著性差异。

从整体上看，成年高水平运动员的最大无氧功率相对较高，但是疲劳指数也高；当按场上位置区分组时，中锋组、前锋组、后卫组的成年运动员在最大无氧功率和疲劳指数方面均不存在显著性差异。

在运动员机能方面，篮球运动员在比赛中心率超过最大心率的 85% 的状态通常占总比赛时间的 75% 以上，与一般运动员相比，优秀运动员的最大摄氧量更高、无氧做功能力更强，在比赛中的平均心率和最大心率都更高，在同等负荷下产生的血乳酸更少，后卫运动员的最大摄氧量都明显好于中锋运动员。

整体上看，优秀篮球运动员身体机能的测试指标表现为：在测试中的最大摄氧量大、无氧功大、血乳酸低。因此，优秀篮球运动员具备"心肺功能好、有氧工作能力强、无氧做功率大"的身体机能特征，有氧工作能力相对更好是外线运动员的专位体能特征。

[①] Nikolaidis P, Julio Calleja-González, Padulo J.The effect of age on positional differences in anthropometry, body composition, physique and anaerobic power of elite basketball players [EB/OL].（2019-3-29）https://www.researchgate.net/publication/263741253_The_effect_of_age_on_positional_differences_in_anthropometry_body_composition_physique_and_anaerobic_power_of_elite_basketball_playershttps://www.researchgate.net/publication/263741253_The_effect_of_age_on_positional_differences_in_anthropometry_body_composition_physique_and_anaerobic_power_of_elite_basketball_players

[②] 代毅，柯遵渝，霍红，张培峰，何文开.优秀少年男篮运动员身体形态、机能特征研究[J].成都体育学院学报，2000,（02）：83-85.

[③] 柯遵渝，代毅，张培峰，王正丰.我国优秀少年女篮集训队员形态、机能和素质特征分析[J].成都体育学院学报，2003,（04）：93-96.

（三）运动素质

运动素质是体能的外在表现形式，包含力量、速度、耐力、灵敏度、柔韧性五个方面。现代篮球运动的规则要求运动员在较长一段时间反复跑动，并且还要完成各种加速、减速、变向和跳跃，因此需要运动员具备较好的耐力、速度、灵敏和下肢爆发力。当前篮球比赛中的身体接触和对抗比以往更加激烈，这也要求运动员全身各个部位都具备较好的力量素质。柔韧素质的好坏对于预防损伤有着重要的作用，因此需要运动员具备较好的柔韧素质。此外，运动员在场上的位置、擅长的技术和战术也各有不同，因此不同位置的篮球运动员在运动素质方面也表现出适应性的变化。

1. 力量

力量素质是人体肌肉工作时克服阻力的能力，通常分为最大力量，爆发力和力量耐力。由于篮球运动中主要涉及在对抗中完成跳跃、投篮、抢球、要位等动作，因此需要上肢、躯干和下肢都具有较好的力量素质。当前，针对篮球运动员力量素质的研究通常使用原地起跳、卧推、蹲起和等速力量测试作为测试指标。

使用不摆臂原地起跳（counter movent jump，CMJ）测试的研究显示，挪威职业篮球男子篮球的原地起跳高度为 52±7.5 厘米，跳跃过程的最大做功为 5167.2±418.9 瓦[1]；土耳其优秀男子篮球运动员的原地起跳高度为 49.7±5.8 厘米；意大利优秀成年和青年男子篮球运动员的原地起跳高度分别为 47.04±5.77 厘米和 48.11±10.53 厘米；塞尔维亚优秀男子篮球运动员的原地起跳高度为 57.4±7.7 厘米（范围：31.1~89.6）；优秀大学生男子篮球运动员的原地起跳高度为 25.4~105.4 厘米，平均为 71.4 厘米[2]，澳大利亚优秀 U16 男子篮球运动员的原地起跳高度平均都在 58.5 厘米以上[3]；优秀女子篮球运动员的原地起跳高度为

---

[1] Shalfawi SA, Sabbah A, Kailani G, et al.The relationship between running speed and measures of vertical jump in professional basketball players: A field-test approach.Journal of Strength and Conditioning Research, 2011, 25 (11): 3088-3092.

[2] Latin RW, Berg K, Baechle T.Physical and performance characteristics of NCAA division I male basketball players [J].Strength Cond Res 1994, 8 (4): 214-8

[3] Hoare D G.Predicting success in junior elite basketball players— the contribution of anthropometric and physiological attributes [J].Journal of Science and Medicine in Sport, 2000, 3 (4): 391-405.

28.4~52.6厘米，其中多数研究结果都显示优秀女子篮球运动员的原地起跳高度都达到40厘米以上[1][2][3][4]。

当按三个场上位置进行分组时，优秀意大利成年男子篮球运动员的不摆臂原地起跳高度分别为49.2±4.9厘米（后卫）、48.6±6厘米（前锋）、45.8±6厘米（中锋），跳跃过程的最大功率分别为4785±678瓦（后卫）、5436±738瓦（前锋）、5560±682瓦（中锋）；职业成年男子篮球运动员的不摆臂原地起跳高度分别为46.44±6厘米（后卫）、45.53±5.54厘米（前锋）、43.99±5.52厘米（中锋），三组之间都不存在显著性差异；塞尔维亚优秀男子篮球运动员的原地起跳高度分别为46.44±6厘米（后卫）、45.53±5.54厘米（前锋）、43.99±5.52厘米（中锋），三组之间都不存在显著性差异。

当按年龄进行分组时，希腊优秀成年、U18和U15男子篮球运动员的原地起跳高度分别为44.4±6.8厘米、40.8±5.3厘米和34.7±7.6厘米，三个年龄组之间存在显著性差异；突尼斯国家队水平的成年、U20和U18男子篮球运动员的原地起跳高度分别为49.7±5.8厘米、49.1±5.9厘米和41.4±4.6厘米，U18组和其他两组存在显著性差异。

当按五个场上位置进行分组时，职业成年男子篮球运动员的不摆臂原地起跳高度分别为42.7±3.8厘米（组织后卫）、41.3±3.2厘米（得分后卫）、42.5±3.8厘米（小前锋）、42.4±3.7厘米（大前锋）和36.2±4.1厘米（中锋）；突尼斯优秀运动员的不摆臂原地起跳高度分别为50.2±5.9厘米（组织后卫）、48.4±5.1厘米（得分后卫）、52.5±5.0厘米（小前锋）、40.9±3.7厘米（大前锋）和41.6±4.3厘米（中锋），内线与外线运动员存在显著性差异。

---

[1] Smith HK, Thomas SG.Physiological characteristics of elite female basketball players [J]. Canadian Journal of Sport Sciences 1991 Dec; 16（4）: 289–95

[2] Bale P.Anthropometric body composition and performance variables of young elite female basketball players.J Journal of Sports Medicine and Physical Fitness 1991 Jun; 31（2）: 173–7

[3] Hakkinen K.Force production characteristics of leg extensor, trunk flexor and extensor muscles in male and female basketball players [J].Journal of Sports Medicine and Physical Fitness 1991, 31（3）: 325–331.

[4] Ferioli D, Bosio A, Bilsborough J C, et al.The Preparation Period in Basketball: Training Load and Neuromuscular Adaptations [J].International Journal of Sports Physiology and Performance, 2018, 13（8）: 1–28.

当运动员所属联赛的等级进行分组时,波黑 1 级联赛的运动员的不摆臂原地起跳高度为 45.51±5.55 厘米,2 级联赛的运动员的不摆臂原地起跳高度 45.29±5.13 厘米,两组不存在显著性差异。意大利 Division 1、Division 2、Division 3 和 Division 4 职业联赛的运动员的不摆臂原地起跳高度分别为 47.8±5.7 厘米、49.2±4.9 厘米、48±6.1 厘米和 51.8±4.1 厘米。

在未要求动作的情况下,美国大学生体育联盟优秀男子篮球运动员的摆臂原地起跳高度分别为 73.4±9.6 厘米(后卫)、71.4±10.4 厘米(前锋)、66.8±510.7 厘米(中锋),三组之间都不存在显著性差异。2008 年,我国大学生体育联盟(CUBA)男子篮球运动员的双脚起跳高度为 71.6±10.4 厘米(后卫)、64.5±9.13 厘米(前锋)、59.3±10.7 厘米(中锋),中锋与后卫之间存在显著性差异[1]。2015 年,我国大学生体育联盟(CUBA)男子篮球运动员的双脚上步起跳高度为 51.3±4.7 厘米(后卫)、48.4±5.6 厘米(前锋)、45.8±3.9 厘米(中锋),中锋和后卫之间存在显著性差异。从整体上看,不同测试条件的原地起跳测试结果差异较大,优秀男子运动员摆臂原地起跳能达到 70 厘米以上,一般男子运动员能达到 50 厘米以上,一般女子运动员能达到 40 厘米以上。从整体上看,与一般运动员相比,高水平运动员的原地起跳高度明显更高,同一国家高等级联赛的篮球运动员的原地起跳高度往往高于低等级联赛的运动员,外线运动员(组织后卫、得分后卫和小前锋)的原地起跳高度往往高于内线运动员(中锋和大前锋)。

使用卧推测试的研究显示,英国大学生体育联盟男子篮球运动员的最大卧推(1RM benchpress)重量为 91.9±25.6 千克[2];突尼斯优秀 U18、U20 和成年男子篮球运动员的最大卧推重量平均为 74.7 千克、77.7 千克和 87.7 千克;1994 年美国大学生体育联盟男子篮球运动员的最大卧推重量为 102.7±11.5 千克(范围 76.4~127.7);1988 至 1992 年,美国大学生体育联盟男子篮球运动员各年度的最大卧推重量分别为 88.1±14.5 千克、97.0.±19.2 千克、101.6±20.2 千克、102.1±19

---

[1] 牛健壮,李凌.CUBA 男子篮球运动员身体素质测试结果分析 [J].西安体育学院学报,2008,25(6):100-102.

[2] Delextrat A, Cohen D.Physiological Testing of Basketball Players: toward a standard evaluation of anaerobic fitness [J].Journal of Strength and Conditioning Research,2008,22(4):1066-1072.

千克[1]；1997年，美国大学生体育联盟男子篮球运动员中的先发运动员的最大卧推重量平均为112.7千克，替补运动员的最大卧推重量平均为111.3千克[2]；2015年，不同位置的我国大学生体育联盟（CUBA）男子篮球运动员的最大卧推重量为85.6±6.2千克（后卫）、92.7±7.6千克（前锋）、100.4±6.7千克（中锋）。

当按三个场上位置分组时，1978年NBA后卫运动员的最大卧推重量为191±32.9磅（86.6±14.9千克），前锋运动员的最大卧推重量为222.9±45.8磅（101.1±20.8千克），中锋运动员的最大卧推重量为154磅（69.9千克，仅一名受试者）[3]。当按场上五个位置进行分组时，突尼斯优秀男子篮球运动员的最大卧推重量分别为73.8±8.7千克（组织后卫）、72.2±7.9千克（得分后卫）、73.0±9.5千克（小前锋）、88.9±4.5千克（大前锋）和90.4±4.9千克（中锋），组织后卫、得分后卫和小前锋的1RM卧推成绩明显低于中锋和大前锋，组织后卫、得分后卫和小前锋之间、中锋和大前锋之间皆不存在显著性差异。从整体上看，高水平运动员的上肢力量更大，至少达到100千克以上，内线运动员的上肢力量大于外线运动员。

蹲起，又称"蹲举"，是反映篮球运动员下肢力量的常用测试指标，优秀篮球运动员蹲起重量能达到体重的1.5～2倍。突尼斯U18和U20国家队男子篮球运动员的最大蹲起重量为183±24.0千克（范围：150～240）和183.3±173.8千克（范围：150～210），显著低于成年男子运动员的最大蹲起重量201.5±16.2千克（范围：178～234）。我国大学生体育联盟（CUBA）男子篮球运动员的最大蹲起重量达到114.6±7.2千克（范围95～160），后卫组、前锋组和中锋组的成绩分别为105.7±7.5千克（范围：95～112）、116.2±8.4千克（范围：102～142）和122.4±75.9千克（范围：108～160），中锋和前锋都与后卫存在显著性差异。在1998年、1999年、1991年，美国大学生体育联盟男子篮球运动员的最大蹲起重

---

[1] Hoffman J R, Tenenbaum G, Maresh C M, et al.Relationship between athletic performance tests and playing time in elite college basketball players [J].Journal of Strength and Conditioning Research, 1996, 10（2）: 67–71.

[2] Caterisano A, Patrick B T, Edenfield W L, et al.The effects of a basketball season on aerobic and strength parameters among college men: starters versus reserves.J Strength Cond Res, 1997, 11（1）: 21–24.

[3] Parr R B, Hoover R, Wilmore J H, et al.Professional basketball players: athletic profiles [J]. The Physician and Sportsmedicine, 1978, 6（4）: 77–87.

量分别为143.4±24.3千克、145.9±24.4千克、155.9±18.6千克。1994年，美国大学生体育联盟男子篮球运动员的最大蹲起重量为152.2±36.5千克（范围：81.8～262.3）。当按场上五个位置进行分组时，突尼斯优秀男子篮球运动员的最大蹲起重量分别为166±13.5千克（组织后卫）、193±13.4千克（得分后卫）、193±10.1千克（小前锋）、196±31.5千克（大前锋）和198±15千克（中锋），组织后卫的蹲起重量明显低于其他四个位置，而其他四个位置之间不存在显著性差异。从整体上看，优秀成年篮球运动员的蹲起重量最大，能够达到200千克以上，内线运动员的最大深蹲重量高于外线运动员。

等速力量测试通常使用等速测力仪，选择60度/秒和300度/秒的速度进行关节的屈伸测试。欧洲职业男子篮球运动员在下肢等速伸膝测试（60度/秒）中，右腿、左腿的力矩分别为223±19牛·米、220±18牛·米（组织后卫）、253±16牛·米、248±17牛·米（得分后卫），267±18牛·米、263±17牛·米（小前锋），271±17牛·米、266±16牛·米（大前锋），277±24牛·米、272±23牛·米（中锋）；在下肢等速伸膝测试（300度/秒）中，右腿、左腿的力矩分别为127±13牛·米、126±13牛·米（组织后卫），135±13牛·米、132±15牛·米（得分后卫），162±16牛·米、160±17牛·米（小前锋），161±16牛·米、158±16牛·米（大前锋），165±21牛·米、162±21牛·米（中锋）[1]。在比利时职业篮球运动员在下肢等速伸膝测试（60度/秒）中右腿、左腿的力矩分别为219±30牛·米、212±88牛·米（组织后卫），228±29牛·米、241±23牛·米（得分后卫），267±27牛·米、245±34牛·米（小前锋），271±29牛·米、259±28牛·米（大前锋），286±34牛·米、264±22牛·米（中锋）；在下肢等速伸膝测试（300度/秒）中右腿、左腿的力矩分别为125±19牛·米、124±16牛·米（组织后卫），133±20牛·米、133±19牛·米（得分后卫），159±21牛·米、158±19牛·米（小前锋），161±20牛·米、160±15牛·米（大前锋），172±20牛·米、162±16牛·米（中锋）。我国优秀篮球运动员下肢等速伸膝测试（60度/秒）中右腿、左腿的力矩分别为195.7±40牛·米、190.2±33.5牛·

---

[1] Pion J, Segers V, Jan S, Bourgois, et al.Position specific performance profiles, using predictive classification models in senior basketball［EB/OL］.（2019-3-29）www.researchgate.net/publication/324106919_Position_specific_performance_profiles_using_predictive_classification_models_in_senior_basketball

米（健将组），180.1±28.6 牛·米、176.3±29.6 牛·米[①]。

从整体上看，优秀运动员的力量较好，伸膝力矩值较高，60 度/秒的伸膝力矩高达 270 牛·米以上，300 度/秒的伸膝力矩达 160 到 N·m 以上，内线运动员的测试功率高于外线运动员。

2. 速度

速度素质是指人体快速运动的能力，通常分为反应速度、移动速度和动作速度。篮球运动员速度素质的研究通常使用 5 米跑、10 米跑、20 米跑、3/4 篮球场跑和 30 米跑进行。在 30 米冲刺跑的测试中，爱尔兰成年男子篮球运动员在 0~2 米、0~5 米、5~10 米、10~15 米、15~20 米、20~30 米的用时分别为 0.6±0.06 秒、1.18±0.06 秒、0.78±0.03 秒、0.68±0.03 秒、0.66±0.03 秒、1.27±0.06 秒，过程中的最大速度为 7.77±0.38m/秒，其中后卫运动员的速度快于中锋和前锋运动员，但是不存在显著性差异[②]。不同位置的欧洲职业篮球运动员在 5 米跑中的速度分别为 1.4±0.04 秒（组织后卫）、1.4±0.04 秒（得分后卫）、1.45±0.04 秒（小前锋）、1.47±0.04 秒（大前锋）、1.49±0.06 秒（中锋）。挪威职业篮球男子篮球的 10 米跑、20 米跑和 40 米跑的用时分别为 1.88±0.21 秒、3.2±0.33 秒和 5.39±0.21 秒。对突尼斯国家队的研究显示，U18 组优秀男子篮球运动员 5 米、10 米和 30 米跑的用时分别为 1.22±0.16 秒、2.08±0.16 秒和 4.32±0.23 秒，明显低于 U20 组（1±0.1 秒、1.84±0.1 秒和 4.13±0.17 秒）和成年组的优秀男子运动员（1.04±0.16 秒、1.88±0.15 秒和 4.1±0.14 秒），U18 组优秀男子篮球运动员的 10 米冲刺和 30 米冲刺跑的速度明显低于 U20 组和成年组的优秀男子运动员；当按五个位置进行分组时，组织后卫在 5 米、10 米的测试成绩方面明显优于其他四个位置的运动员。土耳其职业篮球运动员的 10 米跑和 20 米跑的成绩分别为 1.75±0.08 秒和 4.34±0.21 秒，当按三个位置分组时，后卫和前锋的速度（10 米冲刺跑和 30 米冲刺跑）不存在显著性差异，而中锋在速度方面与后卫和前锋皆存在显著性差异。英国大学生体育联盟男子篮球运动员 20 米跑的用时为

---

① 杨雪清，程亮. 篮球运动员躯干和下肢等速肌力分析[J]. 中国组织工程研究，2018,22(12)：1835-1840.

② Toolan M.Speed Profiling in Basketball Athletes：A Short Sprints Approach［EB/OL］.（2019-3-29）www.researchgate.net/publication/330202794_Speed_Profiling_in_Basketball_Athletes_A_Short_Sprints_Approach.

3.33±0.26 秒。西班牙职业女子篮球运动员（联赛第六名的队伍）的 20 米跑成绩为 3.08±0.17 秒。我国大学体育联盟 (CUBA) 男子篮球运动员的 3/4 篮球场跑成绩为 3.14±0.23 秒，后卫和前锋都与中锋存在显著性差异。我国优秀青年女子篮球运动员 30 米跑的用时为 5.22±0.24 秒[1]。

从整体上看，成年运动员的速度明显快于青年运动员，中锋运动员的速度明显慢于其他位置的运动员，不同等级联赛的成年运动员的速度不存在显著性差异。

3. 灵敏素质

灵敏素质是指运动员能够随环境的变化，迅速、准确、协调地改变身体运动的位置和方向的能力。在篮球运动中需要运动员快速、灵活、多变地完成各种移动、变向、加速、减速，因此针对篮球运动员灵敏素质的研究常使用 T 灵敏测试、3 秒区灵敏测试。

在 T 灵敏测试中，土耳其职业男子运动员的用时为 9.61±0.57 秒，后卫、前锋和中锋组的用时分别为 9.24±0.56 秒、9.48±0.46 秒和 10.04±0.35 秒，其中后卫和前锋都与中锋存在显著性差异，当按运动员所参加的联赛等级进行分组时，高等级联赛的运动员和低等级联赛的运动员不存在显著性差异。突尼斯国家队的 T 灵敏测试成绩分别为 10.53±0.67 秒（U18 组）、10.05±0.44 秒（U20 组）和 9.99±0.40 秒（成年组），U18 组显著慢于 U20 组和成年组，当按上五个位置进行分组时，组织后卫的 T 灵敏测试成绩明显好于其他四个位置，其他四个组之间不存在显著性差异。英国大学生体育联盟男子篮球运动员的用时为 9.49±0.56 秒。1998 年、1999 年、1991 年美国大学生体育联盟男子篮球运动员的 T 灵敏测试成绩分别为 9.11±0.46 秒、8.94±0.34 秒、9.00±0.45 秒和 9.15±0.41 秒。西班牙优秀女子篮球运动员的用时为 9.5±0.24 秒，此外，T 灵敏测试结果和运动员场上每分钟得分呈现显著的负相关关系，说明女子篮球运动员的灵敏素质越好则场上的得分越高。

从整体上看，优秀篮球运动员的 T 灵敏测试成绩能达到 9 秒以内，成年运动员的灵敏素质好于青年运动员，内线运动员的灵敏素质好于外线运动员。

---

[1] 赵雯.优秀青年女篮体能水平评价指标及量化评价模型的研究[J].广州体育学院学报，2014，34（04）：62-65.

4. 耐力

耐力素质是指人体在长时间内保持特定负荷或动作质量的能力。篮球运动员所需的专项耐力也可称之为"比赛耐力"。运动训练学认为，球类项目的运动员所需具备的专项耐力是一种区别于其他项目（短距离项目、长距离项目和全程项目）的"比赛耐力"。篮球运动员所需的耐力以有氧能力和无氧能力为基础。国内的研究认为，篮球运动员需要涉及上肢、躯干和下肢的有氧耐力、无氧耐力相结合的能力，因此使用4米×17次折返跑、变距折返跑、双脚连续5次起跳平均高度、3200米跑、1分钟屈腿仰卧起坐、梯形滑步、三级蛙跳、90秒卧推、无氧功、无氧阈跑速以及各类运球和投篮等测试方法。

国外的研究认为，篮球运动员需要在间歇时间较短的情况下往返进行奔跑，因此需要评价运动员的重复冲刺能力（repeated sprint ability, RSA），相关研究通常使用各类折返跑测试，例如RSA测试（RSAT）、Multi-stage shuttle run测试（MSRT）、1型Yo-Yo间歇恢复测试、2型Yo-Yo间歇恢复测试、Yo-Yo间歇耐力测试、Suicide run测试、Suicide dribble测试。此外，国外早期也有使用1mile和1.5mile长跑评价篮球运动员的研究。

突尼斯国家队水平男子篮球运动员的Yo-Yo IRT1的跑动距离为2619±731米（范围：1560~3480）。意大利职业联赛D2、D3和D4水平男子篮球运动员Yo-Yo IRT1的跑动距离为2135±356米，2265±578米和1671±370米。职业篮球运动员Yo-Yo IR2的跑动距离为590±191.25米（范围：360~1160）。美国大学联盟Division 1男子运动员1.5mile（2414米）平均用时9分钟43秒，最好成绩为7分钟48秒，其中后卫、前锋、中锋的成绩平均为9分钟49秒、为9分钟38秒、9分钟41秒，各位置不存在显著性差异。美国大学联盟Division 1男子运动员1mile（1609米）平均用时5分钟45秒，最好成绩为4分钟42秒，其中后卫、前锋、中锋的成绩平均为5分钟31秒、5分钟43秒、5分钟57秒，前锋和中锋存在显著性差异。

对篮球运动员耐力的研究显示，与一般运动员相比，优秀运动员的4米×17次折返跑用时短、Yo-Yo间歇恢复测试跑动距离长[1]；从位置差异看，内线运动员的耐力素质明显好于外线运动员。

---

[1] 比尔·弗兰，罗宾·庞德. 篮球体能训练[M]. 张莉清，译. 北京：人民体育出版社，2009.

5. 柔韧素质

柔韧素质是指人体关节、韧带、肌肉及其他组织的活动幅度、弹性和伸展能力，对运动员的肢体动作、移动范围以及掌握动作技巧有很大的影响。柔韧素质不好也会使力量、速度、耐力、敏捷性的发展受到限制，从而使整体运动素质水平得不到充分发挥，甚至在训练、比赛中容易造成损伤。研究显示，在训练或比赛前维持一定程度的柔韧素质（拉伸）配合主动激活肌肉有助于减少和预防损伤的发生[1][2][3][4]，并且柔韧素质的恢复也是篮球运动员康复训练的主要内容[5][6][7]。

针对篮球运动员柔韧素质的研究通常使用坐位体前屈。在坐位体前屈测试中，希腊U15、U18和成年优秀篮球运动员的测试成绩分别为15.3±6.1厘米、19.8±6.9厘米和20.6±9.2厘米；我国优秀青年女子篮球运动员的测试成绩为16.56±2.64厘米。

从整体上看，优秀篮球运动员的各项运动素质的测试结果都更好，特别是在力量、速度、灵敏和耐力方面都表现出显著性差异，反映在测试指标上表现为：原地起跳高度高、深蹲和卧推的最大重量大，各类短距离跑和灵敏测试用时短，4米×17次折返跑用时短、Yo-Yo间歇恢复测试跑动距离长。因此，优秀篮球运动员运动素质的特征表现为"起跳高度高、整体力量好，启动速度快、灵敏素质好、专项耐力强"。从不同位置运动员的体能特点看，当按三个位置划分时，中锋运动员的力量素质明显好于后卫运动员，而后卫运动员的速度、灵敏和耐力素质明显好于中锋运动员，但是前锋运动员的体能特征不易与其他位置进行区分。

---

[1] Argajova J, Tomanek L.The significance of the injury prevention in relation to the knowledge level of basketball coaches in slovakia [J].Croatian Sports Medicine Journal, 2011, 26（2）: 63.

[2] Santana J C.Functional Training [M].USA: Human Kinetics, 2015.

[3] Michael, Boyle.New Functional Training for Sports 2nd Edition [M].USA: Human Kinetics, 2015.

[4] Brian C.Basketball Anatomy [M].USA: Human Kinetics, 2015.

[5] Kisner C.Therapeutic Exercise: Foundations and Techniques, 6th Edition [M].USA: Human Kinetics, 2012.

[6] 张亚男，篮球运动员足踝关节功能性康复体能训练 [D].济南：山东体育学院，2017.

[7] Cook G.Movement: Functional Movement Systems, Screening, Assessment, Corrective Strategies [M].USA: Human Kinetics, 2011.

当按五个位置进行划分时也不容易区分各个位置的体能特征。当按内线和外线划分场上位置时，内线运动员和外线运动员在身高、上肢力量、下肢力量和耐力方面表现出较大差异。

四、小结

篮球规则特征表现为：从时间和空间层面对比赛做出的规定和修改使篮球比赛中的攻防回合明显增多，身体对抗更加激烈。篮球负荷特征表现为：比赛时间长，移动距离长，低强度活动占比多，但动作变化频繁，高强度活动起决定性作用。篮球技术特征表现为快速、多变、对抗、稳定、准确。篮球战术特征表现为全员参与、跑动多、节奏快，不同位置的篮球运动员在承受的负荷和技、战术使用上存在差异。篮球损伤特征表现为以下肢损伤为主，损伤主要发生在脚踝和膝盖，优秀运动员的损伤率高于一般运动员，男运动员的损伤率高于女运动员。篮球项目的特征和发展趋势决定了篮球运动员的体能训练需要以提高有氧、无氧工作能力，强化力量、速度、灵敏度和耐力素质以及预防下肢损伤为主要目标，并针对不同位置运动员的差异，制定更有针对性的专位体能训练目标。

优秀篮球运动员的身体形态的特征表现为身材高大、臂长明显大于身高、身体厚重、四肢粗壮、肌肉线条较为明显；反映其身体形态的测试指标结果表现为身高较高、臂展较长、体重较重、克托莱指数较大、四肢维度较大、体脂百分比较低。优秀篮球运动员身体机能的特征表现为心肺功能好、有氧工作能力强、无氧做功大；反映其身体形态的测试指标结果表现为在测试中的最大摄氧量大、无氧功大、血乳酸低。优秀篮球运动员运动素质的特征表现为起跳高度高、整体力量好，启动速度快、灵敏素质好、专项耐力好。优秀篮球运动员的各项运动素质的测试结果都更好，特别是在力量、速度、灵敏和耐力方面都表现出显著性差异，反映在测试指标上表现为原地起跳高度高、深蹲和卧推的最大重量大，各类短距离跑和灵敏测试用时短，4米×17次折返跑用时短、Yo-Yo间歇恢复测试跑动距离长。从不同位置运动员的差异看，内线运动员和外线运动员通常存在显著差异，内线运动员比外线运动员的身高更高、体重更重、力量素质更好，外线运动员的有氧工作能力更强，速度、灵敏和耐力素质相对更好。

从整体上看，身高、臂展、体重、克托莱指数、体脂百分比、四肢维度、最大摄氧量、无氧功率、折返跑、血乳酸、各种摸高、卧推、蹲起、冲刺跑、T灵敏测试、3秒区测试、坐位体前屈和长跑测试等是研究篮球运动员体能的常用测试指标。内线运动员和外线运动员的技战术特点明显不同，并且在比赛中承受的负荷也不同。与传统的位置分类方式相比，使用"内线、外线"分类方式便于区分不同位置运动员的负荷、技战术特点和体能特征，从而实施符合运动员专位体能需求训练。此外，当前NBA全明星赛的球员投票也使用了内线（frontcourt、post）和外线（backcourt、perimeter）的分类方式。因此，本书在分析篮球运动员专位体能特征和构建篮球运动员专位体能评价体系时选择按"内线、外线"进行位置的划分，并且将篮球运动员体能研究的常用测试指标作为初选指标，从而更好地适应不同位置篮球运动员的技战术特点，与国际研究接轨，以及在评价与诊断的基础上帮助教练员实施符合篮球运动发展趋势和运动员专位体能需求的训练。

第二节　我国优秀U19男子篮球运动员体能特征研究

本书对我国优秀U19男子篮球运动员体能特征的实证研究主要依据以下几个步骤：第一，通过前期的文献整理、专家访谈和问卷调查，进一步明确"内外线篮球运动员的主要职责、技战术特点和体能特征明显不同，分组内线、外线进行体能训练、评价和诊断有利于满足其专位体能需求"的判断和共识，并且形成反映篮球专项特征和内线、外线篮球运动员体能需求的测试指标；第二，以2018年全国U19青年联赛的运动员为测试对象，对我国优秀U19男子篮球运动员按"内线、外线"的分类方式进行体能测试；第三，按"内线、外线"和"前8名组、后8名组"进行分类，通过数据比较，进一步认识和验证内线、外线篮球运动员的专位体能特征，分析影响篮球运动员竞技表现的关键体能构成要素，以及探讨我国U19男子篮球运动员与同年龄国外优秀运动员的差距。

一、我国优秀 U19 男子篮球运动员身体形态特征

（一）身体形态测试结果与分析

通过项目特征分析，优秀篮球运动员应该具备"身材高大、臂长明显大于身高、身体厚重、四肢粗壮、肌肉线条较为明显"的形态特征。文献资料显示，身高、臂展、手足间距、脚长、手长、胸围、臀围、大臂围、小臂围、大腿围、小腿围、肩宽、宽髋、手宽、体重、克托莱指数（体重/身高×1000）、体重指数（身高/体重^2）、体脂百分比是评估篮球运动员身体形态的常用指标。为了进一步定量地认识我国优秀 U19 男子篮球运动员身体形态特征，本书通过专家问卷筛选出了反映我国优秀 U19 男子篮球运动员身体形态特征且便于基层教练员操作的典型指标，并且按"内线、外线"的分类方式对运动员进行了测试（表 3-8）。

表 3-8 不同位置优秀 U19 男子篮球运动员身体形态指标比较

指标	分类	均值 ± 标准差	最大值	最小值	备注
臂展（厘米）	全体	199.88 ± 9.01	230	168.3	
	内线	205.82 ± 6.64	230	196	$P < 0.01$
	外线	195.79 ± 8	208	168.2	
身高（厘米）	全体	197.32 ± 6.81	224	173	
	内线	203.39 ± 5.31	224	195	$P < 0.01$
	外线	193.05 ± 6.7	203	173	
体重（千克）	全体	87.76 ± 10.67	122.3	61.3	
	内线	96.29 ± 8.34	122.3	80.8	$P < 0.01$
	外线	81.25 ± 7.61	91.8	61.3	
克托莱指数	全体	443.83 ± 42.6	595.1	352.6	
	内线	473.57 ± 41.05	595.1	452	$P < 0.01$

续表

指标	分类	均值 ± 标准差	最大值	最小值	备注
克托莱指数	外线	422.90 ± 29.31	481.7	352.6	

测试结果显示，当按"内线、外线"的分类方式进行分组时，我国优秀U19男子篮球运动员在臂展、身高、体重、克托莱指数4项身体形态指标上皆存在非常显著的差异。因此，内线运动员和外线运动员具有明显不同的身体形态特征。

外线运动员的臂展、身高的最大值（208厘米、203厘米）到达或超过了内线运动员的臂展、身高的平均值（205厘米、203厘米），但是外线运动员的体重的最大值（91.8千克）却明显低于内线运动员的体重的平均值（96.89千克），说明体重是同等身高下影响运动员位置划分的重要因素。

测试结果显示，当按成绩进行分组时，不同水平的我国优秀U19男子篮球运动员在臂展、身高、体重、克托莱指数4项身体形态指标上皆不存在显著性差异；前8名组与后8名组的内线运动员在克托莱指数上存在显著性差异（表3-9）。

表3-9 不同水平优秀U19男子篮球运动员身体形态指标比较

指标	分类	前8名组	后8名组	P	
臂展（厘米）	全体	200.37 ± 7.23	199.45 ± 10.39	0.288	> 0.05
	内线	205.27 ± 5.49	206.23 ± 7.47	0.709	> 0.05
	外线	197.49 ± 6.7	194.15 ± 9.18	0.475	> 0.05
身高（厘米）	全体	197.49 ± 6.81	197.16 ± 8.99	0.284	> 0.05
	内线	203.69 ± 4.31	203.91 ± 6.29	0.64	> 0.05
	外线	194.15 ± 6.1	192.04 ± 7.15	0.603	> 0.05
体重（千克）	全体	87.51 ± 8.72	87.98 ± 12.21	0.147	> 0.05
	内线	97.12 ± 8.87	97.42 ± 10.21	0.99	> 0.05
	外线	82.25 ± 6.71	81.29 ± 8.45	0.87	> 0.05

续表

指标	分类	前8名组	后8名组	P	
克托莱指数	全体	442.44 ± 33.96	445.05 ± 49.28	0.159	> 0.05
	内线	468.25 ± 24.53	477.88 ± 50.92	0.045	< 0.05
	外线	424.36 ± 25.29	421.54 ± 33.03	0.078	> 0.05

与前8名组相比，后8名组的内线运动员的身高、体重没有显著差距，但是克托莱指数更大且范围更加集离散，说明后8名组的内线运动员与前8名组的内线运动员相比存在体重过轻或体重过大的问题。克托莱指数反映身高和体重的综合情况，身高主要受先天遗传因素影响，体重主要受后天发育和训练因素影响。体重过轻不利于对抗，体重过重也有负面影响，因此优秀篮球运动员，特别是内线运动员，应该使自己的体重处于合理的范围。

（二）与国外优秀运动员的身体形态数据的比较和分析

根据已有的研究成果，将我国优秀U19男子篮球运动员的测试结果与同年龄、近似年龄和相同位置的国外优秀篮球运动员的数据进行了比较。结果显示，与同年龄、近似年龄的西班牙、突尼斯国家队水平的运动员相比，我国优秀U19男子篮球运动员的身高并无劣势，但是体重明显轻于国外优秀运动员；与相同位置的成年立陶宛运动员相比，我国运动员的体重明显更轻（表3-10）。

表3-10 部分国家优秀男子篮球运动员身高、体重数据一览表

时间	研究对象及水平	人数	位置或分类	身高（厘米）	体重（千克）
2004	希腊U19国家队	13	未分组	199.5 ± 1.73	95.5 ± 2.4
2010	突尼斯U18国家队	15	未分组	192 ± 7.3	83.7 ± 8.32
	突尼斯U20国家队	15	未分组	199.2 ± 7.3	91.4 ± 8.3
	突尼斯国家队	15	未分组	198.4 ± 6.2	91.5 ± 7.2
	突尼斯U19联赛	31	未分组	187.5 ± 5.9	79.5 ± 8.4

续表

时间	研究对象及水平	人数	位置或分类	身高（厘米）	体重（千克）
2011	立陶宛职业联赛	24	外线	191.46 ± 6.31	88.44 ± 8.23
	西班牙 u20 国家队	18	内线	206.11 ± 3.79	107 ± 7.51
2015	西班牙 u18 国家队	24	未分组	196.83 ± 1.93	93.44 ± 3.02
	塞尔维亚 U19 联赛	20	未分组	198.92 ± 1.99	94.05 ± 4.12
2019	本研究	13	未分组	193.60 ± 7.70	80.00 ± 9.76
		92	未分组	197.32 ± 6.81	87.76 ± 10.67
		38	内线	203.39 ± 5.31	96.29 ± 8.34
		54	外线	193.05 ± 6.70	81.25 ± 7.61

体重反映运动员的身体充实程度，并且在对抗性项目中反映运动员力量水平和对抗能力。与同龄、近似年龄的国外优秀运动员相比，我国优秀 U19 男子运动员的体重明显偏低，说明我国各位置上的运动员在肌肉维度和对抗能力方面还存在较大差距。因此，体重较轻、肌肉维度相对偏低是我国青年男子篮球运动员亟待弥补的体能短板。

二、我国优秀 U19 男子篮球运动员身体机能特征

（一）身体机能测试结果与分析

通过项目特征分析，本书认为优秀篮球运动员应该具备"心肺功能好、有氧工作能力强、无氧做功大"的身体机能特征。文献资料和问卷调查的结果显示，35 米间歇冲刺跑、1 型 Yo-Yo 间歇恢复测试、Beep 测试、20 米多级折返跑、肺活量、4 米 ×17 次折返跑、疲劳指数、30 米折返跑、13 次 15 米折返跑、400 米跑、测试后即刻心率、测试 1 分钟后恢复心率、血尿素氮（BUN）、血红蛋白（Hb）、血清肌酸激酶（CK）、睾酮 / 皮质醇（T/C）、尿胆原（URO）是评估篮球运动员身体机能方面的常用指标。为了进一步定量地认识我国优秀 U19 男子篮球运动员

身体机能特征，本书通过专家问卷筛选出了反映我国优秀U19男子篮球运动员身体机能特征且便于基层教练员操作的典型指标，并且按"内线、外线"的分类方式对运动员进行了测试。

测试结果显示，当按"内线、外线"的分类方式进行分组时，不同位置的我国优秀U19男子篮球运动员在1型Yo-Yo间歇恢复测试（最大摄氧量）、4米×17次折返跑2项身体机能指标上存在显著性差异（表3-11）。1型Yo-Yo间歇恢复测试（最大摄氧量）和4米×17次折返跑2项指标反映篮球运动员的有氧、无氧能力，外线运动员的测试成绩整体优于内线运动员，且有两项测试成绩存在显著差异，说明外线运动员的身体机能在比赛中能够承受比内线运动员更大的负荷。因此，内线运动员和外线运动员的身体机能特征具有显著性区别。

表3-11　不同位置优秀U19男子篮球运动员身体机能指标比较

指标	分类	均值 ± 标准差	最大值	最小值	备注
1型Yo-Yo间歇恢复测试（最大摄氧量）（毫升/千克/分钟）	全体	53.83 ± 2.83	59.75	48.16	
	内线	52.69 ± 2.74	59.17	48.16	$P < 0.05$
	外线	54.63 ± 2.64	59.75	50.53	
4米×17次折返跑（秒）	全体	62.91 ± 1.09	64.83	59.25	
	内线	63.92 ± 1.47	64.83	60.46	$P < 0.05$
	外线	61.67 ± 1.26	63.54	59.25	
测试后即刻心率（时间/分钟）	全体	189.55 ± 1.58	193	185	
	内线	187.21 ± 2.47	193	185	$P > 0.05$
	外线	189.30 ± 1.55	191	187	
测试1分钟后心率（时间/分钟）	全体	174.50 ± 3.82	179	166	
	内线	175.21 ± 3.59	178	169	$P > 0.05$
	外线	174.00 ± 3.98	179	166	

测试结果显示，当按成绩进行分组时，不同水平的我国优秀U19男子篮球运动员在1型Yo-Yo间歇恢复测试（最大摄氧量）、4米×17次折返跑、测试后即刻心率、测试1分钟后心率4项身体形态指标上皆不存在显著性差异；前8名组与后8名组的内线运动员在最大摄氧量、4米×17次折返跑上存在显著性差异（表3-12）。

表3-12 不同水平优秀U19男子篮球运动员身体机能指标比较

指标	分类	前8名组	后8名组	P	
1型Yo-Yo间歇恢复测试（最大摄氧量）（毫升/千克/分钟）	全体	54.12±2.91	53.27±2.76	0.542	>0.05
	内线	53.92±2.61	52.5±2.9	0.048	<0.05
	外线	54.96±2.75	54.65±2.58	0.475	>0.05
4米×17次折返跑（秒）	全体	61.86±0.99	61.95±0.95	0.284	>0.05
	内线	63.92±1.17	64.34±1.63	0.031	<0.05
	外线	61.26±1.06	61.69±0.91	0.448	>0.05
测试后即刻心率（时间/分钟）	全体	189.61±2.12	189.51±2.54	0.972	>0.05
	内线	187.5±3.87	186.42±2.21	0.948	>0.05
	外线	189.58±1.41	189.04±1.64	0.87	>0.05
测试1分钟后心率（时间/分钟）	全体	174.05±3.67	174.9±3.95	0.918	>0.05
	内线	175±3.43	175.38±3.8	0.73	>0.05
	外线	173.46±4	174.50±3.88	0.935	>0.05

与后8名组相比，前8名组的内线运动员的最大摄氧量更高、4米×17次折返跑用时更短，说明有氧、无氧能力是影响内线运动员竞技水平的关键体能指标。较好的有氧、无氧工作能力能够帮助运动员在场上长时间且稳定地发挥技术。因此，优秀篮球运动员，特别是内线运动员，需要具备更好的有氧、无氧能力。

（二）与国外优秀运动员的机能数据的比较和分析

根据已有的研究成果，本书将我国优秀 U19 男子篮球运动员的测试结果与部分国家相同年龄、近似年龄和相同位置的运动员的数据进行了比较。结果显示，在使用 1 型 Yo-Yo 间歇恢复测试推算最大摄氧量的情况下，我国优秀 U19 男子篮球运动员与同年龄、近似年龄的希腊、突尼斯国家队水平的运动员相比，最大摄氧量平均水平没有明显劣势，但是我国优秀男子 U19 男子篮球运动员所达到的最大摄氧量最大值低于同龄、近似年龄的国外优秀运动员；与相同位置的成年立陶宛、克罗地亚运动员相比，我国运动员的最大摄氧量平均水平和最大值都明显更低（表3-13）。

表3-13 部分国家优秀篮球运动员最大摄氧量数据一览表

时间	研究对象及水平	人数	位置或分类	最大摄氧量（毫升/千克/分钟）		备注
2004	希腊 U19 国家队	13	未分组	51.7 ± 1.3		跑台
2006	突尼斯精英 U19	38	未分组	52.8 ± 2.4		20米折返
		12	中锋	51.4 ± 2.4		
		18	前锋	53.4 ± 2.3		
		18	后卫	53.8 ± 1.9		
2010	突尼斯 U18 国家队	15	未分组	50.78 ± 4.38	（46.79~60.9）	1型 Yo-Yo 测试
	突尼斯 U20 国家队	15	未分组	55.43 ± 4.62	（46.79~62.05）	
	突尼斯国家队	15	未分组	59.88 ± 5.26	（52.26~66.08）	
	突尼斯 U19 联赛	31	未分组	53.18 ± 2.66	（47.6~58.1）	20米折返
2011	立陶宛职业联赛	24	外线	52.17 ± 8.66	（35.3~66.3）	功率自行车
		18	内线	46.23 ± 5.58	（36.2~53.3）	

续表

时间	研究对象及水平	人数	位置或分类	最大摄氧量（毫升/千克/分钟）	备注
2019	克罗地亚职业联赛	70	未分组	55.46±4.80	（44.9~65.2）	跑台
2019	本研究	24	中锋、大前锋	54.9±4.9	（48.5~65.2）	
		26	小前锋、得分后卫	55.0±4.7	（44.9~65.2）	
		20	组织后卫	56.7±4.9	（47.9~65.1）	
		92	未分组	53.83±2.83	（48.16~59.75）	1型 Yo-Yo 测试
		38	外线	54.63±2.64	（50.53~59.75）	
		54	内线	52.69±2.74	（48.16~59.17）	

最大摄氧量是反映体能有氧工作能力的重要指标，是运动员表现耐力素质的内在功能基础。通过数据比较可以看出，外线运动员的最大摄氧量的平均水平通常明显高于内线运动员，同年龄优秀运动员的最大摄氧量明显更高，说明内线、外线运动员对有氧能力的要求明显不同，具备优秀的有氧能力是成为优秀运动员的必备基础。因此，我国青年男子篮球运动员要以国外优秀运动员为目标，未来要重点加强有氧能力的训练。

三、我国优秀U19男子篮球运动员运动素质特征

（一）运动素质测试结果与分析

通过项目特征分析，本书认为优秀篮球运动员应该具备"起跳高度高、整体力量好，启动速度快、灵敏素质好、专项耐力"的运动素质特征。文献资料显示，各种卧推、蹲举、摸高、跳远、冲刺跑、折返跑，以及T灵敏测试、3秒区灵敏测试、12分钟跑、3000米跑、坐位体前屈是评估篮球运动员运动素质的常用测

试指标，并将其纳入了初选指标库。专家访谈的结果显示，我国篮球运动员的身体背侧肌群（斜方肌、背阔肌、臀肌、腘绳肌）力量和躯干（核心）力量相对薄弱且需要有针对性的强化。因此根据体能训练专家和职业篮球体能教练的建议，将引体向上、高翻、硬拉、臀冲、平板支撑、侧平板支撑、背桥支撑、功能性动作筛查纳入了指标库。为了进一步定量地认识我国优秀U19男子篮球运动员运动素质特征，本书通过专家问卷筛选出了反映我国优秀U19男子篮球运动员运动素质特征且便于基层教练员操作的典型指标，并且按"内线、外线"的分类方式对运动员进行了测试。

测试结果显示，当按"内线、外线"的分类方式进行分组时，不同位置的我国优秀U19男子篮球运动员在原地摸高、立定跳远2项下肢爆发力指标上存在显著性差异。外线运动员的测试成绩整体优于内线运动员，且有两项测试成绩存在显著性差异，说明外线运动员具有跳跃高度高、爆发力好的体能特征（表3-14）。

表3-14 不同位置优秀U19男子篮球运动员下肢爆发力指标比较

指标	分类	均值 ± 标准差	最大值	最小值	备注
原地摸高（厘米）	全体	54.05 ± 6.41	65.3	38.5	
	内线	52 ± 6.82	62.7	38.5	$P < 0.05$
	外线	55.49 ± 5.73	65.3	45.3	
5次摸高（厘米）	全体	50.69 ± 7.06	62.5	31.3	
	内线	49.28 ± 6.74	59.2	31.3	$P > 0.05$
	外线	51.68 ± 7.18	62.5	37.3	
立定跳远（厘米）	全体	270.98 ± 18.03	296.5	221.9	
	内线	269.82 ± 18.51	293.2	221.9	$P < 0.05$
	外线	273.95 ± 17.1	296.5	230.2	

测试结果显示，当按成绩进行分组时，不同水平的我国优秀U19男子篮球运动员在原地摸高上存在显著性差异，在立定跳远上存在非常显著性差异；前8名组与后8名组的内线运动员在原地摸高、立定跳远上皆存在显著性差异；前8名组与后8名组的外线运动员在立定跳远上存在显著性差异（表3-15）。与后8名

组相比，前 8 名组的运动员的测试成绩皆更好。因此，优秀篮球运动员具有更好的下肢爆发力。与后 8 名组相比，前 8 名组的内线运动员的原地摸高、立定跳远的测试成绩皆更好，且有两项成绩具有显著差异，说明下肢爆发力可能是影响内线运动员竞技水平的关键体能指标。

表 3-15 不同水平优秀 U19 男子篮球运动员下肢爆发力指标比较

指标	分类	前 8 名组	后 8 名组	P	
原地摸高（厘米）	全体	55.79 ± 5.77	52.53 ± 6.6	0.017	< 0.05
	内线	53.88 ± 6.17	50.48 ± 7.08	0.042	< 0.05
	外线	56.19 ± 5.72	55.15 ± 5.83	0.175	> 0.05
5 次摸高（厘米）	全体	51.67 ± 6.62	49.83 ± 7.99	0.157	> 0.05
	内线	51.02 ± 5.79	47.88 ± 7.26	0.234	> 0.05
	外线	51.77 ± 7.17	51.59 ± 7.31	0.603	> 0.05
立定跳远（厘米）	全体	275.51 ± 13.11	266.12 ± 20.35	0.004	< 0.01
	内线	272.59 ± 13.5	264.14 ± 21.23	0.42	< 0.05
	外线	277.05 ± 9.71	272.79 ± 17.45	0.37	< 0.05

测试结果显示，当按"内线、外线"的分类方式进行分组时，不同位置的我国优秀 U19 男子篮球运动员在 100 千克蹲举上存在显著性差异，在 100 千克硬拉上存在非常显著性差异。内线运动员的测试成绩整体优于外线运动员，且有两项测试成绩存在显著性差异，说明内线运动员具有下肢力量大的体能特征（表 3-16）。

表 3-16 不同位置优秀 U19 男子篮球运动员下肢力量指标比较

指标	分类	均值 ± 标准差	最大值	最小值	备注
100 千克蹲举	全体	22.93 ± 8.05	50	7	P < 0.05
	内线	24.32 ± 7.78	50	12	
	外线	21.84 ± 8.24	40	7	

续表

指标	分类	均值 ± 标准差	最大值	最小值	备注
100 千克硬拉	全体	8.4 ± 4.14	20	1	
	内线	10.21 ± 4.21	20	4	$P < 0.01$
	外线	7.13 ± 3.59	15	1	
单腿蹲起	全体	11.22 ± 3.6	20	1	
	内线	11.78 ± 2.98	19	7	$P > 0.05$
	外线	11.39 ± 4.92	20	1	

测试结果显示，当按成绩进行分组时，不同水平的我国优秀 U19 男子篮球运动员在 100 千克硬拉上存在显著性差异；前 8 名组与后 8 名组的内线运动员在 100 千克蹲举、100 千克硬拉上皆存在显著性差异；前 8 名组与后 8 名组的外线运动员在 100 千克硬拉上存在显著性差异（表 3-17）。

表 3-17 不同水平优秀 U19 男子篮球运动员下肢力量指标比较

指标	分类	前 8 名组	后 8 名组	P	
100 千克蹲举	全体	23.14 ± 6.81	21.76 ± 9.74	0.097	> 0.05
	内线	25.01 ± 6.78	23.28 ± 8.62	0.044	< 0.05
	外线	22.57 ± 7.29	21.36 ± 8.93	0.284	> 0.05
100 千克硬拉	全体	8.89 ± 4.26	8.05 ± 4.07	0.012	< 0.05
	内线	10.44 ± 4.23	9.88 ± 4.52	0.045	< 0.05
	外线	7.76 ± 3.29	6.54 ± 3.03	0.038	< 0.05
单腿蹲起	全体	11.54 ± 3.91	11.34 ± 4.91	0.114	> 0.05
	内线	11.71 ± 3.33	11.40 ± 3.13	0.955	> 0.05
	外线	11.36 ± 5.21	11.24 ± 5.53	0.838	> 0.05

与后8名组相比，前8名组的运动员的测试成绩皆更好，因此，优秀篮球运动员具有更好的下肢力量。与后8名组相比，前8名组的内线运动员的100千克蹲举、100千克硬拉的测试成绩皆更好，且具有显著差异，说明下肢力量可能是影响内线运动员竞技水平的关键体能指标。

测试结果显示，当按"内线、外线"的分类方式进行分组时，不同位置的我国优秀U19男子篮球运动员在2个上肢力量指标上皆存在显著性差异（表3-18）。内线运动的卧推成绩整体优于外线运动员，且存在显著性差异，说明内线运动员的上肢绝对力量相对更好。外线运动员的引体向上成绩整体优于内线运动员，且存在显著性差异，说明外线运动员的上肢相对力量相对更好。

表3-18 不同位置优秀U19男子篮球运动员上肢力量指标比较

指标	分类	均值 ± 标准差	最大值	最小值	备注
1RM 卧推（千克）	全体	87.65 ± 16.67	110	770	$P < 0.05$
	内线	94.54 ± 9.32	110	80	
	外线	85.65 ± 10.12	100	70	
引体向上	全体	8.69 ± 4.72	19	3	$P < 0.05$
	内线	6.84 ± 3.77	16	10	
	外线	10.00 ± 4.91	19	3	

测试结果显示，当按成绩进行分组时，不同水平的我国优秀U19男子篮球运动员在上肢力量指标上不存在显著性差异；前8名组与后8名组的内线运动员的引体向上成绩存在显著性差异（表3-19）。与后8名组相比，前8名组的运动员的测试成绩皆更好，因此，优秀篮球运动员具有更好的上肢力量。与后8名组相比，前8名组的内线运动员的引体向上的测试成绩皆更好，且具有显著差异，说明上肢相对力量可能是影响内线运动员竞技水平的关键体能指标。

表 3-19 不同水平优秀 U19 男子篮球运动员上肢力量指标比较

指标	分类	前 8 名组	后 8 名组	P	
1RM 卧推（千克）	全体	87.67 ± 17.62	87.62 ± 15.98	0.617	> 0.05
	内线	96.85 ± 6.53	94.88 ± 9.97	0.845	> 0.05
	外线	82.36 ± 19.23	83.54 ± 18.83	0.938	> 0.05
引体向上	全体	8.77 ± 4.86	8.63 ± 4.65	0.972	> 0.05
	内线	7.29 ± 4.70	6.48 ± 2.82	0.015	< 0.05
	外线	10.36 ± 4.21	9.54 ± 3.53	0.083	> 0.05

测试结果显示，当按"内线、外线"的分类方式进行分组时，不同位置的我国优秀 U19 男子篮球运动员在侧平板支撑上存在显著性差异（表 3-20）。外线的运动员的平板支撑、侧平板支撑测试成绩整体优于内线运动员，且有 1 项测试成绩存在显著性差异，说明外线运动员的躯干（核心）力量相对更好。

表 3-20 不同位置优秀 U19 男子篮球运动员躯干（核心）力量指标比较

指标	分类	均值 ± 标准差	最大值	最小值	备注
平板支撑（秒）	全体	172.92 ± 66.86	330	67	P > 0.05
	内线	169.28 ± 60.15	278	67	
	外线	174.41 ± 71.09	330	67	
侧平板（秒）	全体	92.62 ± 29.85	182.5	54.8	P < 0.05
	内线	86.24 ± 18.73	130	54.8	
	外线	97.11 ± 35.14	182.5	59	
单腿背桥（秒）	全体	60.16 ± 12.82	84.5	28	P > 0.05
	内线	60.5 ± 13.79	84.5	31.5	
	外线	59.93 ± 12.37	83	28	

测试结果显示，当按成绩进行分组时，不同水平的我国优秀 U19 男子篮球运动员在平板支撑、侧平板支撑上皆存在非常显著性差异；前 8 名组与后 8 名组的内线运动员的平板支撑和侧平板支撑成绩存在显著性差异和非常显著性差异；前 8 名组与后 8 名组的外线运动员的平板支撑和侧平板成绩存在显著差异（表 3-21）。因此，优秀篮球运动员具有更好的躯干（核心）力量。

表 3-21 不同水平优秀 U19 男子篮球运动员核心稳定力量指标比较

指标	分类	前 8 名组	后 8 名组	P	
平板支撑（秒）	全体	171.79 ± 68.57	173.23 ± 65.95	0.000	< 0.01
	内线	162.88 ± 59.17	174.48 ± 63.08	0.040	< 0.05
	外线	175.12 ± 73.72	173.75 ± 70.83	0.175	< 0.05
侧平板（秒）	全体	94.90 ± 31.72	90.63 ± 28.29	0.000	< 0.01
	内线	87.29 ± 13.82	82.28 ± 22.26	0.039	< 0.05
	外线	98.07 ± 33.78	96.59 ± 36.31	0.023	< 0.05
单腿背桥（秒）	全体	62.54 ± 12.82	60.83 ± 12.24	0.592	> 0.05
	内线	63.62 ± 12.28	57.98 ± 15.36	0.184	> 0.05
	外线	64.65 ± 12.49	62.06 ± 10.13	0.414	> 0.05

与后 8 名组相比，前 8 名组的运动员的测试成绩皆更好，且有两项测试成绩存在显著性差异，说明躯干（核心）力量可能是影响篮球运动员竞技水平的关键体能指标。

测试结果显示，当按"内线、外线"的分类方式进行分组时，不同位置的我国优秀 U19 男子篮球运动员在 5 米运球跑、10 米跑、10 米运球跑上存在显著性差异，在 20 米跑、20 米跑上存在非常显著性差异。因此，内线运动员和外线运动员的速度素质具有显著性差异（表 3-22）。

表 3-22　不同位置优秀 U19 男子篮球运动员速度素质指标比较

指标	分类	均值 ± 标准差	最大值	最小值	备注
5 米（秒）	全体	0.979 ± 0.079	0.829	0.896	$P > 0.05$
	内线	0.999 ± 0.845	0.829	1.181	
	外线	0.965 ± 0.073	0.835	1.127	
5 米运球（秒）	全体	1.017 ± 0.083	0.896	1.239	$P < 0.05$
	内线	1.043 ± 0.099	0.912	1.239	
	外线	0.999 ± 0.064	0.896	1.212	
10 米（秒）	全体	1.625 ± 0.267	1.326	2.174	$P < 0.05$
	内线	1.667 ± 0.350	1.409	2.174	
	外线	1.595 ± 0.191	1.326	1.860	
10 米运球（秒）	全体	1.693 ± 0.208	1.549	2.221	$P < 0.05$
	内线	1.727 ± 0.345	1.692	2.221	
	外线	1.654 ± 0.182	1.549	1.964	
20 米（秒）	全体	3.021 ± 0.131	2.745	3.367	$P < 0.01$
	内线	3.084 ± 0.137	2.987	3.367	
	外线	2.976 ± 0.133	2.745	3.166	
20 米运球（秒）	全体	3.143 ± 0.151	2.904	3.487	$P < 0.01$
	内线	3.204 ± 0.153	3.023	3.487	
	外线	3.076 ± 0.139	2.904	3.434	

5 米距离的冲刺跑反映运动员的加速能力，10 米、20 米距离的冲刺跑反映运动员的最大速度。外线运动员的各项速度素质测试成绩整体优于内线运动员，且 10 米、20 米的测试成绩存在显著性差异，说明外线运动员的速度素质相对更好，并且最大速度明显优于内线运动员。

测试结果显示，当按成绩进行分组时，不同水平的我国优秀 U19 男子篮球运动员在 6 项速度素质指标上皆不存在显著性差异（表 3-23）。前 8 名组与后 8 名组的运动员在速度素质测试成绩上不存在显著差异，说明速度素质可能不是影响篮球运动员竞技水平的关键体能指标。

表 3-23 不同水平优秀 U19 男子篮球运动员速度素质指标比较

指标	分类	前 8 名组	后 8 名组	P	
5 米（秒）	全体	0.979 ± 0.078	0.992 ± 0.084	0.896	> 0.05
	内线	0.994 ± 0.079	1.008 ± 0.089	0.657	> 0.05
	外线	0.965 ± 0.072	0.971 ± 0.075	0.722	> 0.05
5 米运球（秒）	全体	1.011 ± 0.073	1.083 ± 0.092	0.181	> 0.05
	内线	1.037 ± 0.093	1.058 ± 0.056	0.527	> 0.05
	外线	0.99 ± 0.051	1.007 ± 0.074	0.21	> 0.05
10 米（秒）	全体	1.611 ± 0.216	1.631 ± 0.285	0.797	> 0.05
	内线	1.667 ± 0.35	1.675 ± 0.323	0.786	> 0.05
	外线	1.595 ± 0.181	1.589 ± 0.205	0.523	> 0.05
10 运球（秒）	全体	1.653 ± 0.202	1.676 ± 0.204	0.860	> 0.05
	内线	1.671 ± 0.278	1.684 ± 0.262	0.94	> 0.05
	外线	1.651 ± 0.172	1.656 ± 0.193	0.398	> 0.05
20 米（秒）	全体	3.009 ± 0.126	3.035 ± 0.135	0.373	> 0.05
	内线	3.144 ± 0.123	3.181 ± 0.152	0.149	> 0.05
	外线	2.964 ± 0.104	2.987 ± 0.109	0.7	> 0.05
20 米运球（秒）	全体	3.139 ± 0.149	3.155 ± 0.153	0.688	> 0.05
	内线	3.204 ± 0.153	3.231 ± 0.187	0.6	> 0.05
	外线	3.076 ± 0.139	3.154 ± 0.136	0.753	> 0.05

测试结果显示，当按"内线、外线"的分类方式进行分组时，不同位置的我国优秀 U19 男子篮球运动员在 3 项灵敏素质指标上皆存在非常显著性差异。因此，内线运动员和外线运动员的灵敏素质具有显著性差异（表 3-24）。

表 3-24　不同位置优秀 U19 男子篮球运动员灵敏素质指标比较

指标	分类	均值 ± 标准差	最大值	最小值	备注
改良 T 灵敏（秒）	全体	6.69 ± 0.166	6.31	7.12	P < 0.01
	内线	6.848 ± 0.09	6.68	7.12	
	外线	6.58 ± 0.108	6.31	6.91	
3 秒区灵敏（秒）	全体	12.4 ± 0.689	11.41	13.89	P < 0.01
	内线	13.016 ± 0.538	12.12	13.89	
	外线	11.967 ± 0.386	11.41	12.63	
1 分钟跳绳	全体	166.8 ± 29.61	205	100	P < 0.01
	内线	144.9 ± 25.6	187	100	
	外线	182.22 ± 21.49	205	151	

测试结果显示，当按成绩进行分组时，不同水平的我国优秀 U19 男子篮球运动员在 3 项灵敏素质指标上皆不存在显著性差异（表 3-25）。前 8 名组与后 8 名组的运动员在灵敏素质测试成绩上不存在显著差异，说明灵敏素质可能不是影响篮球运动员竞技水平的关键体能指标。

表 3-25　不同水平优秀 U19 男子篮球运动员灵敏素质指标比较

指标	分类	前 8 名组	后 8 名组	P	指标
改良 T 灵敏（秒）	全体	6.574 ± 0.162	6.705 ± 0.168	0.965	> 0.05
	内线	6.74 ± 0.123	6.88 ± 0.152	0.6	> 0.05
	外线	6.16 ± 0.329	6.74 ± 0.503	0.651	> 0.05
3 秒区灵敏（秒）	全体	12.35 ± 1.26	12.44 ± 1.07	0.886	> 0.05
	内线	12.94 ± 1.63	13.08 ± 1.52	0.212	> 0.05
	外线	11.56 ± 0.82	11.94 ± 0.53	0.622	> 0.05
1 分钟跳绳	全体	167.09 ± 32.11	165.05 ± 27.56	0.255	> 0.05

续表

指标	分类	前 8 名组	后 8 名组	P	指标
1 分钟跳绳	内线	140.64 ± 28.23	148.33 ± 22.92	0.152	> 0.05
	外线	187.76 ± 20.29	182.54 ± 22.03	0.455	> 0.05

测试结果显示，当按"内线、外线"的分类方式进行分组时，不同位置的我国优秀 U19 男子篮球运动员在 1 型 Yo-Yo 间歇恢复测试上皆存在非常显著性差异（表 3-26）。因此，内线运动员和外线运动员的耐力素质具有显著性差异。

表 3-26 不同位置优秀 U19 男子篮球运动员耐力素质指标比较

指标	分类	均值 ± 标准差	最大值	最小值	备注
1 型 Yo-Yo（米）	全体	1778 ± 391	2600	1040	
	内线	1641 ± 378	2520	1040	P < 0.01
	外线	1888 ± 365	2600	1320	

测试结果显示，当按成绩进行分组时，不同水平的我国优秀 U19 男子篮球运动员在耐力素质指标上存在显著性差异（表 3-27）。前 8 名组与后 8 名组的运动员在耐力素质测试成绩上存在显著差异，说明耐力素质可能是影响篮球运动员竞技水平的关键体能指标。前 8 名组与后 8 名组的内线运动员在耐力素质测试成绩上存在显著差异，说明具备良好耐力素质是成为优秀内线运动员的必备条件。

表 3-27 不同水平优秀 U19 男子篮球运动员耐力素质指标比较

指标	分类	前 8 名组	后 8 名组	P	
1 型 Yo-Yo（米）	全体	1817 ± 403	1742 ± 382	0.015	< 0.05
	内线	1705 ± 362	1600 ± 399	0.037	< 0.05
	外线	1896 ± 379	1880 ± 358	0.932	> 0.05

测试结果显示，当按"内线、外线"的分类方式进行分组时，不同位置的我国优秀 U19 男子篮球运动员的坐位体前屈测试成绩不存在显著性差异（见表 3-28）。因此，内线运动员和外线运动员在柔韧素质方面不具备各自的专位体能特点。

表 3-28　不同位置优秀 U19 男子篮球运动员柔韧素质指标比较

指标	分类	均值 ± 标准差	最大值	最小值	备注
坐位体前屈（厘米）	全体	13.04 ± 5.7	24.3	0.2	P > 0.05
	内线	12.76 ± 6.2	24.3	3.2	
	外线	13.26 ± 5.34	22.3	0.2	

测试结果显示，当按成绩进行分组时，不同水平的我国优秀 U19 男子篮球运动员在柔韧素质指标上存在显著性差异（表 3-29）。前 8 名组与后 8 名组的运动员在柔韧素质测试成绩上存在显著差异，说明柔韧素质可能不是影响篮球运动员竞技能力的关键体能指标。

表 3-29　不同位置优秀 U19 男子篮球运动员柔韧素质指标比较

指标	分类	前 8 名组	后 8 名组	P	指标
坐位体前屈（厘米）	全体	13.32 ± 5.69	12.79 ± 5.76	0.866	> 0.05
	内线	12.78 ± 6.17	12.47 ± 6.48	0.855	> 0.05
	外线	14.41 ± 5.02	12.15 ± 5.43	0.407	> 0.05

（二）与国外优秀运动员的运动素质数据的比较和分析

根据已有的研究成果，本书将我国优秀 U19 男子篮球运动员的测试结果与部分国家相同年龄、近似年龄和相同位置的运动员的数据进行了比较。结果显示，与同年龄、近似年龄的突尼斯运动员相比，我国优秀 U19 男子篮球运动员的原地摸高成绩更好，但是 1RM 卧推、Yo-Yo 跑动距离的成绩不及国外运动员；与相同位置的 NBA 新秀运动员相比，我国运动员的原地摸高还有较大差距（表 3-30）。

表 3-30　部分国家优秀篮球运动员原地摸高、1RM 卧推、Yo-Yo 跑动距离数据一览表

时间	研究对象及水平	人数	位置或分类	原地摸高（厘米）	1RM 卧推（千克）	1 型 Yo-Yo（米）
2010	突尼斯 U18 国家队	15	未分组	41.4 ± 4.6	74.7 ± 9.6 (60～92)	1355 ± 609 (800～2760)

续表

时间	研究对象及水平	人数	位置或分类	原地摸高（厘米）	1RM 卧推（千克）	1 型 Yo-Yo（米）
2010	突尼斯 U20 国家队	15	未分组	49.1 ± 5.9	76.7 ± 8.9 (65～90)	2000 ± 642 (800～2920)
	突尼斯国家队	15	未分组	49.7 ± 5.8	87.7 ± 14.3 (60～120)	2619 ± 731 (1560～480)
	突尼斯 U19 联赛	31	未分组		92.1 ± 8.3 (80～110)	
	意大利 D2 职业联赛	28	未分组			2135 ± 356
	意大利 D3 职业联赛	34	未分组			2265 ± 578
	意大利 D4 职业联赛	28	未分组			1671 ± 370
2018	NBA 新秀	183	中锋	70.8 ± 7.7		
		270	大前锋	73.7 ± 7		
		253	小前锋	74.9 ± 7.7		
		270	得分后卫	76.2 ± 7		
		184	组织后卫	76.5 ± 7.8		
2019	本研究	92	未分组	55.79 ± 5.77	87.67 ± 17.62 (70～110)	1778 ± 391 (1040～2600)
		38	外线	53.88 ± 6.17	96.85 ± 6.53 (70～100)	1641 ± 378 (2600～1320)
		54	内线	56.19 ± 5.72	82.36 ± 19.23 (80～110)	1888 ± 365 (1040～2520)

1RM 卧推反映运动员的上肢力量水平，Yo-Yo 跑动距离反映运动员的耐力素质水平。我国青年男子篮球运动员与 2010 年突尼斯运动员的数据相比仍略显不足，说明上肢力量和耐力是我国篮球运动员的体能薄弱环节。因此，我国青年

男子篮球运动员要以国外优秀运动员为目标，未来要重点加强上肢力量和耐力的训练。

根据已有的研究成果，本书将我国优秀 U19 男子篮球运动员的测试结果与部分国家相同年龄、近似年龄和相同位置的运动员的数据进行了比较。结果显示，与同年龄、近似年龄的突尼斯运动员相比，我国优秀 U19 男子篮球运动员的 5 米、10 米冲刺跑成绩更好；与相同位置的 NBA 新秀运动员相比，我国运动员的 3 秒区灵敏测试成绩还有较大差距（表 3-31）。

表 3-31　部分国家优秀篮球运动员 5 米、10 米、3 秒区灵敏测试数据一览表

时间	研究对象及水平	人数	位置或分类	5 米（秒）	10 米（秒）	3 秒区灵敏（秒）
2010 2010	突尼斯 U18 国家队	15	未分组	1.22 ± 0.16	2.08 ± 0.16	
	突尼斯 U20 国家队	15	未分组	1 ± 0.1	1.84 ± 0.1	
	突尼斯国家队	15	未分组	1.04 ± 0.16	1.88 ± 0.15	
	突尼斯 U19 联赛	31	未分组		1.98 ± 0.17	
2018	NBA 新秀	183	中锋			11.9 ± 0.63
		270	大前锋			11.6 ± 0.54
		253	小前锋			11.3 ± 0.49
		270	得分后卫			11.2 ± 0.47
		184	组织后卫			11.1 ± 0.45
2019	本研究	92	未分组	0.979 ± 0.079	1.625 ± 0.267	12.4 ± 0.699
		38	内线	0.999 ± 0.845	1.667 ± 0.350	13.01 ± 0.54
		54	外线	0.965 ± 0.073	1.595 ± 0.191	11.97 ± 0.39

通过对我国优秀 U19 男子篮球运动员的体能测试数据按位置和成绩进行对比分析，并且对比同龄、近似年龄的国外优秀篮球运动员的体能测试数据，本书认为我国优秀 U19 男子篮球运动员体能特征的具体表现如下：

身体形态方面，内线运动员和外线运动员具有明显不同的身体形态特征，具体表现为内线组和外线组在身高、臂展、体重和克托莱指数的测试结果上均存在显著性差异。与外线运动员相比，内线运动员在长度、充实度方面具有明显的形态特征。后 8 名组运动员与前 8 名组运动员的身体形态指标没有显著性差异。与同龄、近似年龄的国外优秀运动员相比，我国优秀 U19 男子篮球运动员的体重明显偏低，需要进一步的增肌和增重。

身体机能方面，内线运动员和外线运动员的身体机能特征明显不同，具体表现为内线组和外线组在 1 型 Yo-Yo 间歇恢复测试（最大摄氧量）和 4 米 ×17 次折返跑的测试结果上均存在显著性差异。与内线运动员相比，外线运动员的有氧、无氧能力明显更好。与后 8 名组的内线运动员相比，前 8 名组的内线运动员具有明显更好的有氧、无氧能力。与同龄、近似年龄的国外优秀运动员相比，我国优秀 U19 男子篮球运动员的有氧能力还有待提高，需要有针对性的训练。

运动素质方面，内线运动员和外线运动员对力量、速度、耐力、灵敏素质的要求明显不同，具体表现为内线组和外线组在下肢爆发力、下肢力量、上肢力量、速度、灵敏度和耐力素质的测试指标上均存在显著性差异。与后 8 名组的内线运动员相比，前 8 名组的内线运动员具有更好的下肢爆发力、躯干（核心）力量和耐力，同时具有更好的上、下肢力量。与同龄、近似年龄的国外优秀运动员相比，我国优秀 U19 男子篮球运动员的上肢力量、耐力素质是明显的体能短板，亟待进一步的强化和提高。

教练员应针对我国优秀 U19 男子篮球运动员在体重、上肢力量和耐力方面的体能短板，就后备力量做好选材和训练规划，进行有针对性的增肌、增重、力量训练和耐力训练，未来逐步缩小与国外优秀运动员的差距。

第三节　我国优秀 U19 男子篮球运动员专位体能评价体系的构建

运动训练的目标是提高运动员的竞技能力和比赛成绩，而教练员要根据运动项目特征和运动员个人的现实状态制定有针对性的训练计划。因此，及时、准确、有效地认识运动员的当前竞技能力状态（包含起始状态评价，训练计划执行过程中的阶段性评价，以及最终状态评价），分析运动员的优势和劣势，并且根据评价结果进行及时调整，对于教练员制定训练计划并实现训练目标十分重要。对运动员定期实施评价可以使教练员对训练计划和安排（包括训练方法、训练手段、训练负荷的使用）的合理性、有效性和针对性有更加深刻的认识，进而分析和总结经验，使后续训练计划的安排更加科学合理，从而更好地实现预期的训练目标。

一、构建体能评价体系的理论基础

（一）评价体系的结构

评价是指对收集的客观或主观信息进行分析和价值判断，并且赋予一定解释的过程。从系统论的角度看，评价这项工作通常包括"评价指标、指标权重和评价标准"三个主要部分。"评价指标"反映被评价对象在某个方面的本质特征，可以作为对被评价对象进行价值判断的依据。指标体系则是按照一定的原则和方法将反映被评价对象本质特征的评价指标按照一定目的和原则组合在一起。"指标权重"反映评价指标在整个指标体系中的所占比例和重要性程度，权重值代表其重要程度，数值越大说明其在指标体系中的比例越大，且重要性程度越高。"评价标准"是进行价值判断的尺度，要根据"评价标准"对被评价对象进行相应等级划分。

1. 评价指标

评价指标是对被评价对象进行价值判断所依据的具体指标。评价指标通常根据特定目标而设计，能够从多个不同的方面或不同的部分综合反映评价对象的整体特质。在评价过程中，将评价目标作为整体按照一定的原则进行分解和逐级拆分，使其变成具体和可测量的子目标，即每一个评价指标。因此，为了实现评价的目标，需要根据评价的侧重点设计一个完整的评价指标系统，即指标体系。指标体系是由多个指标组成，多个指标反映多个子目标，即反映评价目标的多个方面，进而反映整个评价目标。单一评价指标是评价指标体系的一部分，代表评价的一个方面，因此通常根据需要和现实条件有选择地使用。

本书将我国优秀 U19 男子篮球运动员专位体能的评价作为评价目标整体，并将该目标分解为身体形态评价、身体机能评价和运动素质评价三个子目标，再把三个子目标分解成可测量、能够反映目标本质特征的具体指标，从而构建具有逻辑性、关联性和层次性的评价指标体系（图3-1）。

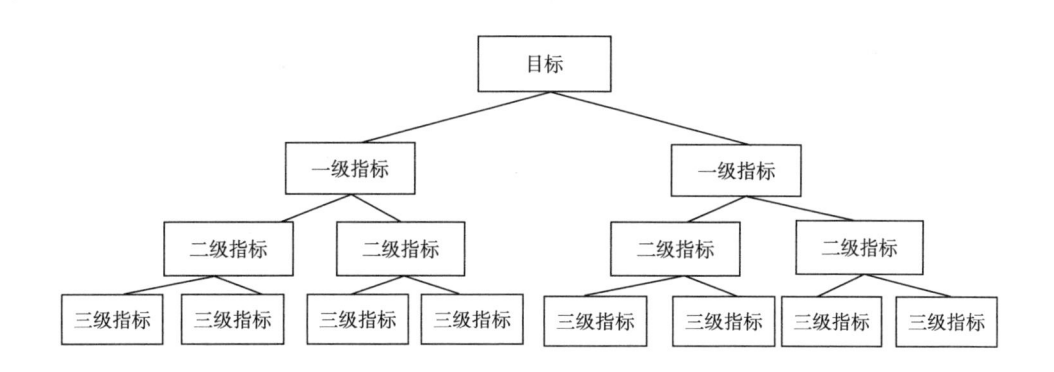

图3-1 指标体系结构图

2. 指标权重

评价指标代表评价目标整体的一个部分，反映了"部分"在"整体"中的功能和作用，但是不同"部分"在"整体"中的功能或作用也不同。在特定目标或情境下，某些"部分"的功能或作用相比其他"部分"更大，或者可以认为其对完成特定目标的贡献更大，或重要程度更大。因此，在评价过程中，我们需要明确最终筛选出的每个评价指标对实现整个评价目标的贡献程度或重要程度，即通过赋值的方式使每个指标能够作为整体的部分，反映其功能或作用的大小。赋予评价指标的这个数值，即称为该指标的权重（或称权数），该数值越大，说明该指标在整个指标体系的贡献程度大或重要程度高。在具体操作过程中，我们通常使用主观经验法、专家调查法和因子分析法来确定指标的权重[1]。确定评价指标的权重是评价工作的关键环节，通过科学的方法确定权重，可以帮助我们较为客观地认识评价指标所代表的部分在整体中的作用和重要程度。

3. 评价标准

标准是用来进行衡量的尺度和依据，评价标准是衡量被评价对象的尺度和依

---

[1] 祁国鹰，张路，黄凤娟，等.体育统计应用案例［M］.北京体育大学出版社，2005.

据，以此在一定标准下确定被评价对象的高低、大小或者好坏。在评价过程中，评价标准通常分为评分标准和评级标准，其中前者用得分代表所对应的指标，而后者以等级代表所对应的指标。在此基础上，评分标准又分为单项评分标准和综合评分标准，而评级标准也可以分为单项评级标准和综合评级标准。评价标准是构建评价体系的重要组成部分，制定评价标准有助于更加清楚认识某一个运动员的体能水平在某个运动员群体中所处的位置，从而使教练员更加客观地认识运动员的优势和不足，使运动员能够明确自己与其他运动员的差距。

（二）明确评价对象和目的

依据研究需要，本书评价对象为我国优秀 U19 男子篮球运动员的专位体能水平，主要目的是对内线、外线运动员的体能系统（身体形态、身体机能、运动素质）所含的子指标（各单项指标）进行评分评价和等级评价，对综合体能（专项体能综合水平）进行评分评价和等级评价。

（三）评价指标体系的设计原则

评价篮球运动员的专位体能需要建立一套全面、完整、系统的指标体系，但是由于运动员的体能结构涵盖的内容较广，能够反映篮球运动员某一方面体能水平的指标不止一个，而且可以使用多种测试方法获得指标。因此，必须遵循一定的指导原则，使评价指标体系既能够较好地反映运动员体能的各个方面，又便于实际操作。按照系统工程综合评价的理论，指标体系与评价的结果之间存在密切关系，虽然尚未有一套成熟的方法或程序足以保证评价指标体系的全面、合理和适切性，但是依然可以归纳出建立评价指标体系必须遵循的原则。

1. 科学性原则

就本研究而言科学性原则是指：指标体系一定要建立在科学的基础上，指标概念必须明确，并且要有一定的科学内涵，能够度量和反映体能系统结构和功能的现状。体能指标的科学性价值在于可测性和精确性，能够比较客观而准确地反映运动员的体能水平的实际情况和特征，因为指标是目标某一方面的具体表征，如果不能如实反映被评价对象，违反或缺乏科学性原则，就会导致指标体系不能全面反映被评价对象的真实情况，所得到的评价结果自然没有参考价值。因此，本书根据评价的目的和要求，将文献研究、专家调查、测试和数理统计作为建立指标评价体系的依据。

2. 客观性原则

客观性原则就是在执行选取指标和制定指标评价标准的工作中，应该贯彻实事求是的精神，以文献分析、理论论证为基础，实证研究以统计数据为依据，尽量排除主观因素的影响，并且使指标体系在结构和内容上的保证均衡、准确、完整，使每一个指标能够有效、客观地反映被评价对象的某些特征。

3. 周延性原则

周延性原则就是指标体系中的各指标在结构上成为一个有逻辑性、层次分明的整体，具体要求是指标体系要完整地反映目标。另外，要使不同层次的指标代表不同属性的特征。而指标之间的关系应该表达清楚，同一层次的各个指标之间具有相互独立性，又能够在综合之后完整地呈现上一层次指标的要求。因此，本书根据篮球运动员的专项体能特点，在初选阶段尽可能全面地找出能够反映专项体能本质的指标，保证评价指标体系的周延性。

4. 可量化原则

可量化原则是指标可以进行度量，即通过观察或测量得到明确的结果，以便于能够综合地做出评价结论。可量化原则是构建评价指标体系的基本要求。最低层次的指标应该能够以操作型定义明确呈现，并且在设计指标时使指标具体量化。可测性较差的指标应该予以删除。

5. 可行性原则

可行性原则就是容易进行实际测量，它以理论分析为基础，又考虑到统计的可操作性，还要考虑现实数据资料来源的可靠性。指标数据要易于抽样调查、测量，再进行统计整理，不易测量的指标，或者理论上可测，但实际操作中对设备、时间、人力要求较高的指标也不应纳入体能指标体系之中。

6. 简易独立原则

简易独立原则就是指标的数量能够在周延地反映评价对象的前提下应尽可能减少，并且避免指标反映体能结构时出现重复。为有效获得反映事物本质的主要因素，应该尽可能选取具有代表性的指标，以较少指标包含较多的特征，减少指标数量，以便于进行评价，同时也精简了人力和物力。指标的量化方法要简明易懂和便于操作，使评价工作方便可行。此外，往往存在描述体能体系中的同一个方面的多个指标，为了避免指标在反映体能结构时的重叠，在选择指标时应尽可能选择具有相对独立的指标，减少可能存在的重复工作。

（四）建立评价体系的步骤

我国优秀 U19 男子篮球运动员专位体能评价体系的建立是一项综合篮球专项特征、体能训练和统计学等多方面知识和理论的工作，因此需要制定一个较为系统、完备的实施方案。通过查阅与体能评价相关的文献资料[1][2][3]，本书决定采用"明确评价对象和目标""确定评价指标体系""确定评价指标权重""设计评价标准"四个步骤来建立篮球运动员专位体能评价体系（图 3-2）。

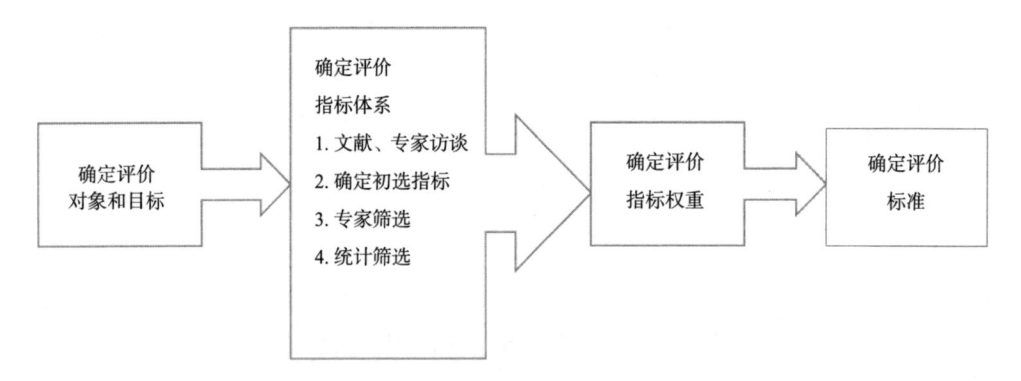

图 3-2　建立我国优秀 U19 男子篮球运动员专位体能评价体系流程图

二、体能评价指标体系的构建

关于有效指标的筛选，本书在借鉴前人研究的基础上确定了新的研究指标。

筛选流程：第一，在文献研究、专家访谈的基础上，根据科学性原则、周延性原则和可量化原则确定初选指标，保证初选指标的范围大、内容全并且有依据；

---

[1] 曹景伟. 中国优秀女子赛艇公开级运动员体能诊断的方法学研究[J]. 中国体育科技，1999，(9)：2-9.

[2] 张晓丹. 中国优秀女子沙滩排球运动员体能特征及其评价体系研究[D]. 北京体育大学，2007.

[3] 韩夫苓，吴瑛. 我国 48 kg 级优秀女子自由式摔跤运动员专项体能评价体系的构建[J]. 上海体育学院学报，2010，34（04）：78-82.

第二，根据可行性原则和简易独立原则，通过专家调查进行复选，保证较大范围的共同认可和代表性；第三，根据客观性原则和简易独立原则进行实测和统计筛选，保证以最小的成本科学、真实地反映被测试者的体能水平。本书指标体系的筛选和建立的流程如下（图3-3）：

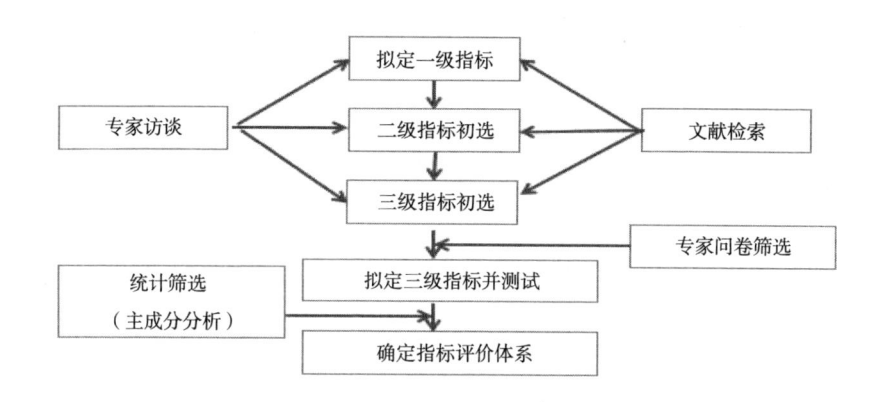

图 3-3 我国优秀 U19 男子篮球运动员专位体能指标评价体系的筛选和建立流程图

（一）初选指标的确定

本书根据对体能概念的定义、体能结构和篮球项目特征的分析，将体能结构中的身体形态、身体机能和运动素质三个主要因素作为反映篮球运动员体能水平的一级指标；以"反映篮球运动员身体形态、身体机能、运动素质，预防下肢损伤，以及体现篮球运动员的专位体能特征"为指导思想，进行文献检索和专家访谈，然后根据评价原则收集、整理了11项反映篮球运动员体能水平的二级指标（长度、围度、宽度、充实度、有氧、无氧工作能力、机能状态、力量、速度、灵敏、柔韧），并且在二级指标的基础上拟定了76项反映篮球运动员体能水平的三级指标，从而构成篮球运动员专位体能的初选指标库。

（二）专家筛选指标

根据指标体系的设计原则，为了确保评价指标系统、完整且周延，本节选择的初选评价指标的数量较多。为了使评价在操作过程中满足简易独立原则，根据专业人士的意见在初选的基础上进行了精简和优选，以此更恰当地反映篮球运动员的体能水平。

本书运用专家调查法和五级评分法进行指标筛选，请专家对指标的适用程度进行评价（"非常合理"为5分、"比较合理"为4分、"一般合理"为3分、"比较不合理"为2分、"不合理"为1分），对每个指标得到的总分进行平均数计算，从而得到每个指标的平均分值，保留平均分值≥4的指标，作为专家一致认可的指标，去除平均分值≤3的指标。

1. 专家基本情况

由于本书主要针对篮球运动员专位体能评价指标体系，涉及多个方面，因此选择的专家包含了篮球专项训练、篮球体能训练、篮球选材与管理以及运动训练学、体能训练、体育统计学等领域的专家。入选评议的专家均为具有正高级职称或博士学位的资深专家，半数来自篮球专业训练领域，以确保本研究最终指标筛选的可靠性。本书共计咨询40名专家，其中90%的专家认为按"内线、外线"分组进行篮球运动员的体能训练与评估具备专项特征上的合理性和现实中的可操作性，并就其研究、推广和实施给出了各方面专业的意见和建议。

2. 专家调查结果分析

（1）专家的积极程度

专家的积极程度能够通过调查问卷的回收率反映，问卷的回收率越高说明专家参与研究的积极程度越高，3轮问卷的回收率分别为97%、92%和89%，均超回收率70%这个临界点[1]，说明专家的积极程度较高。

（2）专家的权威程度

专家的权威程度可以用权威系数表示，并且由专家对研究内容的判断依据和熟悉程度决定。判断依据分为理论分析、工作经验、参考文献、直观感觉四个方面，评分按照大中、小三个等级，对应的赋值为1.0、0.7、0.5，熟悉程度分为"很熟悉、熟悉、一般、不太熟悉和不熟悉"五个熟悉程度等级，对应的赋值为0.9、0.7、0.5、0.3、0.1，权威系数=（判断依据+熟悉程度）/2，组成专家的权威系数在0.7以上被认为专家具有较好的权威性[2]。在本次调查中，第一轮专家调查结

---

[1] 张力为. 体育科学研究方法［M］. 高等教育出版社，2002.
[2] 刘学毅. 德尔菲法在交叉学科研究评价中的应用［J］. 西南交通大学学报，2007，8（2）：21-25.

果的权威系数在 0.72，第二轮专家调查结果的权威系数为 0.85，第三轮专家调查结果的权威系数为 0.88，说明参与本书调查的专家具有较高的权威性。

（三）指标筛选结果

在访谈的同时发放第一轮专家调查问卷，采取半封闭方式，结合访谈内容了解专家对专位体能评价体系建立是否认可，以及根据建立专位体能评价体系的需要对问卷内容、指标补充和删减提出的意见和建议。指标的保留以超过 2/3 的专家选择为标准。

专家反馈的意见主要反映在指标的科学性、目的性、可行性和代表性等方面：建议在现实可行的条件下选择使用国际通用的测试仪器和指标，以保证数据的准确性和便于对比；建议针对已知的体能问题和短板，增加有针对性的测试指标；为了在实践中方便教练员应用和推广，尽可能使用场地测试和相对便于移动的器材；建议最终保留 1～2 项能够反映某一方面体能要素的指标，并且尽可能优先满足目的性和科学性方面的要求。通过第一轮专家问卷调查，删除了维度和宽度 2 个二级指标和部分三级指标。内线运动员专位体能评价指标共拟定了一级指标 3 项、二级指标 7 项、三级指标 24 项，外线运动员专位体能评价指标共拟定了一级指标 3 项、二级指标 7 项、三级指标 25 项。

根据第一轮问卷的专家反馈意见，在第二轮问卷中把 400 米跑、100 千克蹲起、100 千克硬拉、130 千克臀冲、引体向上、50 千克高翻、5 次连续原地摸高、三级蛙跳、背桥单腿支撑、自重单腿蹲起、5 米运球跑、10 米运球跑、20 米运球跑、30 米运球跑、3/4 篮球场运球跑、后抛 3 千克药球、侧抛 3 千克药球、60 秒俯卧撑、60 秒立卧撑、功能性动作筛查、改良"T"型灵敏测试、十字跳、1 分钟单脚交替跳绳作为新补充的指标，供所有专家进行筛选。

将第一轮专家所提 4 方面建议作为专家调查问题的填写要求，请专家根据不同位置篮球运动员专位体能评价需要，并且尽可能兼顾科学性、目的性、代表性和可行性。经过第二轮专家问卷调查，专家的意见趋于集中。内线运动员专位体能评价指标共拟定了一级指标 3 项、二级指标 7 项、三级指标 33 项，外线运动员专位体能评价指标共拟定了一级指标 3 项、二级指标 7 项、三级指标 34 项。

经过 3 轮专家问卷调查，专家对指标的认可程度有所提升，在意见方面逐渐趋于一致，共删除内线运动员三级指标 3 项，外线运动员三级指标 1 项，完成了对指标的专家筛选过程。通过3轮专家问卷共筛选内线运动员专位体能评价指标25项，包括身体形态指标4项（身高、臂展、体重、克拖莱指数）、身体机能指标4项（1型Yo-Yo间歇恢复测试/最大摄氧量、4米×17次折返跑、测试后即刻心率、测试1分钟后恢复心率）、运动素质指标17项（1RM卧推、引体向上、100千克蹲起、100千克硬拉、原地起跳、5次原地起跳、立定跳远、平板支撑、侧平板支撑、单腿臀桥支撑、自重单腿蹲起、5米跑、10米跑、3秒区灵敏测试、1分钟单脚交替跳绳、1型Yo-Yo间歇恢复测试/跑动距离、坐位体前屈）。通过3轮专家问卷共筛选外线运动员专位体能评价指标29项，包括身体形态指标3项（身高、体重、克拖莱指数）、身体机能指标4项（1型Yo-Yo间歇恢复测试/最大摄氧量、4米×17次折返跑、测试后即刻心率、测试1分钟后恢复心率）、运动素质指标22项（1RM卧推、引体向上、100千克蹲起、100千克硬拉、原地起跳、5次原地起跳、立定跳远、平板支撑、侧平板支撑、单腿臀桥支撑、自重单腿蹲起、5米跑、5米运球跑、10米跑、10米运球跑、20米跑、20米运球跑、改良T灵敏测试、3秒区灵敏测试、1分钟单脚交替跳绳、1型Yo-Yo间歇恢复测试/跑动距离、坐位体前屈）。

（四）统计筛选指标

1. 身体形态指标筛选结果与分析

本书在使用专家调查法筛选的基础上对我国优秀U19男子篮球运动员进行了实际测试，并使用主成分分析法将运动员的各项体能指标数据进行了统计学处理，从身体形态、身体机能和运动素质进行降维，从而进一步精简和筛选出具有代表性的指标作为最终指标。

身体形态是指人体外在面貌，是体能的外在结构和表现形式，与身体机能和运动素质互为表里。从人体测量学的角度来看，身体形态可以从长度、宽度、维度、充实度等方面进行描述和测量。按照专家调查法的筛选，内线运动员的身体形态指标包括身高、臂展、体重、克托莱指数，外线运动员的身体形态指标包括身高、体重、克托莱指数。从指标筛查的结果来看，长度和充实度是评价篮球运动员的身体形态的关键元素。尽管初选指标中涉及长度、宽度、维度、充实度四个方面共计14项指标，但是最终筛选出的外线运动员形态指标4项、内线运动员形态指标 3 项，这说明从篮球教练员的角度来看，身高、体重作为最简单易行的测试指标就能够很好地反映不同位置的篮球运动员的体能状态和优劣，而其他指标存在便捷性等不足。将受测试对象按照"内线、外线"进行分组，并将两组的测试数据分别进行主成分分析。

我们先将测试数据按类别录入到 SPSS，例如将内线组测试数据录入到同一个文件中，将外线组数据录入另一个文件中；在菜单栏中点选"分析"选项；在"分析"选项的下拉菜单中点选"降维"选项；在"降维"选项中点选"因子分析"选项；在"因子分析"对话框下选择"身高""臂展""体重""克托莱指数"作为进行分析的变量；在"描述"选项中点选"系数""显著性水平""KMO 和 Bartlett 的球形度检验"选项；在"抽取"选项中选择方法"主成分分析"，选择输出"相关性矩阵""未旋转的因子解""碎石图"，抽取"基于特征值""特征值值大于 1"，"最大收敛性迭代次数"为默认的"25"；在"旋转"选项点选"最大方差法"输出"旋转解""载荷图"，"最大收敛性迭代次数"为默认的"25"；其他选项选择默认；在"得分"选项下选择"回归"方法计算因子得分；在"因子分析"对话框下点选"确定"后获得主成分分析结果。

根据已有的研究经验，在选择代表性指标时，需要参考因子载荷数值和项目的特征选择因子载荷数值高且符合项目特点的指标；对主成分进行命名时，原则上取各主成分中因子载荷最大的指标作为此因子的代表，且避免出现重复和包含的情况，以保证选取指标的相对独立性。从主成分分析的结果来看，内线和外线运动员形态指标的 KMO 值都在 0.7 以上，这表明经过筛选的指标适合做主成分分析，累计贡献率都在 80% 以上，说明分析效果较好。

最终入选的内线运动员形态指标是克托莱指数（体重 / 身高 ×1000）和臂展，其因子载荷分别为 0.991 和 0.979，两者分别代表了充实度因子和长度因子，其累计贡献率分别达到 97.752%，说明这两个因子概括了身体形态测试指标的绝大多数信息，能够反映内线运动员身体形态的基本特征（表 3-32）。

最终入选的外线运动员形态指标是身高和克托莱指数（体重 / 身高 ×1000），其因子载荷分别为 0.915 和 0.893，两者分别代表了长度因子和充实度因子，其累计贡献率分别达到 86.154%，说明这两个因子概括了身体形态测试指标的绝大多数信息，能够反映外线运动员身体形态的基本特征（表 3-33）。

身高是指人的脚底和头顶的直线距离，通常用米、厘米或英尺、英寸作为计量单位，是反映人体长度的整体指标。臂展是指两臂侧向最大限度地水平伸展时，两中指指尖点之间的直线距离，因此，也称为"指距"。一般情况下，篮球运动员的臂展大于身高，而内线运动员的臂展优势通常更加明显，臂展作为形态指标的入选也在一定程度上印证了这点。身高和臂展的入选，说明外线的"身高"和内线运动员的"臂长"是他们在各自位置上的形态优势。

克托莱指数用体重与身高的比值乘以1000所得数值表示，它代表与每厘米身高的相对体重。篮球运动不仅是高强度的对抗，更是力量的对抗。对于优秀篮球运动员来讲，标准化身高下的体重代表更大的力量和对抗能力，因此使用克托莱指数能够比较不同身高的运动员在力量方面存在的潜在差别。克托莱指数的入选说明充实度对于篮球运动员争取形态上的优势十分重要。

表3-32 内线运动员形态指标的主成分分析结果

代号	贡献率	主成分命名	代表性指标	因子载荷	其他指标	因子载荷
1	50.447%	充实度因子	克托莱指数	0.991	体重	0.929
2	47.305%	长度因子	臂展	0.979	身高	0.954
累计	97.752%	KMO值 =0.818				

表3-33 外线运动员形态指标的主成分分析结果

代号	贡献率	主成分命名	代表性指标	因子载荷	其他指标	因子载荷
1	44.847%	长度因子	身高	0.915		
2	41.307%	充实度因子	克托莱指数	0.893	体重	0.871
累计	86.154%	KMO值 =0.748				

2. 身体机能指标筛选结果与分析

篮球比赛需要运动员在场上长时间地完成奔跑、跳跃以及各种身体接触和对抗，并且需要在长达两个小时的比赛中反复经历各种高强度运动导致的缺氧，以及短时恢复。因此，篮球运动对身体的有氧、无氧工作能力、反复冲刺能力和恢复能力都有较高的要求。尽管生理生化指标能够更加准确地反映运动员的机能状态，但是使用过程中的经济性和便捷性较差。从国内外文献来看，近期使用生理生化指标评估篮球运动员体能的研究也越来越少，因此经专家复选后共保留4项机能指标，分别是1型Yo-Yo间歇恢复测试（最大摄氧量）、4米×17次折返跑用时、测试后即刻心率、测试1分钟后恢复心率。从主成分分析的结果来看，内线和外线运动员机能指标的KMO值都在0.7以上，这表明经过筛选的指标适合做主成分分析，累计贡献率都在70%以上，分析效果较好。

最终入选的内线运动员机能指标是4米×17次折返跑和1型Yo-Yo间歇恢复测试（最大摄氧量），其因子载荷分别为0.824和0.809，两者分别代表了无氧能力因子和有氧能力因子，其累计贡献率分别达到73.147%。这说明两个因子概括了身体机能测试指标的大多数信息，能够反映内线运动员身体机能的基本特征（表3-34）。

最终入选的外线运动员机能指标是1型Yo-Yo间歇恢复测试（最大摄氧量）和4米×17次折返跑，其因子载荷分别为0.813和0.821，两者分别代表了有氧能力因子和无氧能力因子，其累计贡献率分别达到75.951%。这说明两个因子概括了身体机能测试指标的大多数信息，能够反映内线运动员身体机能的基本特征（表3-35）。

最大摄氧量是指人体的组织和器官在最佳状态下利用氧的能力，通常用来评价运动员的有氧工作能力和心肺耐力，在实验室条件下使用跑步机和气体分析仪进行测量。但是，实验室条件下测量最大摄氧量耗时较长，且一套设备同时仅能供一个人使用。因此，国外学者通过实验和测试，发明了能够在场地测试最大摄氧量的方法——Yo-Yo间歇恢复测试（Yo-Yo intermittent recovery test）。Yo-Yo间歇恢复测试是根据团队项目（例如足球、篮球、橄榄球）比赛特征中的短间歇特征设计的测试方法，既能够反映运动员的反复冲刺能力，又需要运动员最大程度激活自身的有氧供能系统，并且在研究和实际应用中经常作为实验室测试最大摄氧量的替代方法。Yo-Yo间歇恢复测试根据测试的主要目标还分为1型和2型，其中前者主要反映运动员的有氧耐力。1型Yo-Yo间歇恢复测试最终入选，这说明篮球运动员需要较好的有氧工作能力，使人体能够在短时间的休息中得到有效恢复并且支撑机体在长时间里进行强度较高的往返冲刺运动。

4米×17次折返跑是国内篮球体能测试和NBA选秀的常用测试方法，具有测试设备简单、耗时短、强度大的特点。4米×17次折返跑测试要求运动员从篮球场的边线出发，向对侧边线冲刺，脚踏线，然后跑回出发点，共计完成17次折返冲刺跑；运动员共计完成4次折返跑，每次中间间隔2分钟，并记录平均用时。4米×17次折返是我国篮球运动员体能测试一直沿用的测试方法。绝大多数专家和教练员都认为4米×17次折返跑能够最大程度反映出运动员的无氧工作能力和意志品质，但是也有教练员担忧4米×17次折返跑有造成运动员损伤的风险。4米×17次折返跑的入选说明篮球运动员需要极限强度下的无氧工作能力和快速恢复的能力。

表3-34 内线运动员机能指标的主成分分析结果

代号	贡献率	主成分命名	代表性指标	因子载荷	其它指标	因子载荷
1	37.814%	无氧能力	4米×17次折返跑	0.824		
2	35.333%	有氧能力	1型Yo-Yo间歇恢复测试（最大摄氧量）	0.809	测试1分钟后恢复心率	0.456
累计	73.147%	KMO值=0.758				

表3-35 外线运动员机能指标的主成分分析结果

代号	贡献率	主成分命名	代表性指标	因子载荷	其它指标	因子载荷
1	39.844%	有氧能力	1型Yo-Yo间歇恢复测试（最大摄氧量）	0.813	测试1分钟后恢复心率	0.571
2	34.107%	无氧能力	4米×17次折返跑	0.821		
累计	75.951%	KMO值=0.721				

3. 运动素质指标筛选结果与分析

运动素质训练是人体在运动中表现出来的力量、速度、耐力、灵敏和柔韧的综合能力，是体能的外在表现形式。从主成分分析的结果来看，内线和外线运动员素质指标的 KMO 值都在 0.7 以上，这表明经过筛选的指标适合做主成分分析，累计贡献率都在 70% 以上，分析效果较好。

通过专家筛选的内线运动素质指标共计 17 项，包括力量素质的指标共有 11 项，速度和灵敏素质的指标共计 2 项，耐力素质和灵敏素质的指标各 1 项，说明专家认为力量素质是内线运动员体能结构中的主要因素。经过主成分分析后，最终入选的内线运动员形态指标是原地摸高、侧平板支撑、5 米跑、100 千克硬拉、坐位体前屈和 1RM 卧推，除 1RM 卧推的因子载荷接近 0.7 以外，其他指标的因子载荷都在 0.8 以上，累计贡献率达到 74.3%。这说明 6 个因子概括了内线运动员身体素质测试指标的大多数的信息（表 3-36）。

表 3-36　内线运动员运动素质指标

代号	贡献率	主成分命名	代表性指标	因子载荷	其他指标	因子载荷
1	24.159	下肢爆发力	原地摸高	0.917	5 次连续原地摸高	0.902
2	14.237	躯干（核心）力量	侧平板支撑	0.877	单腿臀桥支撑	0.856
3	11.608	速度灵敏	5 米跑	0.858	3 秒区灵敏性	0.836
4	10.793	下肢力量	100 千克硬拉	0.850	100 千克蹲起	0.841
5	6.905	柔韧	坐位体前屈	0.816		
6	6.598	上肢力量	1RM 卧推	0.690	引体向上	0.559
累计	74.3%	KMO 值 =0.766				

通过专家筛选的外线运动员素质指标共计 22 项，包括力量素质的指标共有 11 项，速度素质的指标 6 项，灵敏素质的指标共计 3 项，主要评价耐力素质和灵敏素质的指标各 1 项，说明力量素质是外线运动员体能结构中的主要因素。经过主成分分析后，最终入选的外线运动员形态指标是 10 米运球跑、100 千克硬拉、原地摸高、3 秒区灵敏、坐位体前屈、平板支撑和 1RM 卧推，所有指标的因子载荷都超过 0.7，其累计贡献率分别达到 78.65%。这说明 7 个因子概括了外线运动员身体素质测试指标的大多数的信息（表 3-37）。

表 3-37 外线运动员运动素质指标

代号	贡献率	主成分命名	代表性指标	因子载荷	其他指标	因子载荷
1	20.428	速度	10 米运球跑	0.844	5 米运球跑	0.838
2	19.439	下肢爆发力	原地摸高	0.858	立定跳远	0.836
3	11.353	灵敏	3 秒区灵敏	0.83	1 分钟单脚交替跳绳	0.814
4	9.212	柔韧	坐位体前屈	0.793		
5	6.838	下肢力量	100 千克硬拉	0.781	100 千克蹲起	0.767
6	6.245	躯干（核心）力量	平板支撑	0.813		
7	5.141	上肢力量	1RM 卧推	0.715		
累计	78.65%	KMO 值 =0.753				

原地摸高是反映运动员力量素质的重要指标。由于爆发力是力量与速度的综合表现，因此原地摸高也反映下肢肌肉的做功能力，即爆发力。国内外研究通常使用原地摸高评估篮球运动员的下肢爆发力，或称跳跃能力。原地摸高的入选说明篮球运动员需要较好的下肢爆发力。

躯干（核心）力量是篮球运动员在身体对抗或滞空过程中保持平衡、稳定和克服干扰的保障。平板支撑、侧平板支撑都是最常见的躯干（核心）力量练习，要求运动员以俯卧和侧卧的姿势，用前臂和脚支撑整个身体的重量，其作用锻炼肩带、躯干和下肢肌群的力量耐力。尽管国外研究没有使用平板支撑、侧平板支撑评价篮球运动员的体能，但是核心力量和稳定的重要性得到了国内篮球领域专家的一致认可。平板支撑、侧平板支撑的入选说明篮球运动员需要躯干（核心）的力量和稳定性，而内线运动员对于躯干（核心）两侧的力量和稳定性有更高的要求。

1RM 卧推是指运动员能够仰卧推举的最大重量。仰卧推举对篮球运动员来说是最常见的力量练习之一，其作用主要是锻炼胸肌、三角肌前束、肱三头肌。1RM 卧推的入选说明良好的上肢力量是篮球运动完成远距离投篮、争抢球的保障。

5米跑和10米运球跑能够反映运动员的快速起动能力和加速能力，同时也是速度、协调、灵敏等要素在运动过程中的综合表现，对运动员在比赛时表现快速地攻防转换的能力具有重要作用。3秒区灵敏测试主要反映运动员的快速位移能力，主要包含起动、加速、冲刺跑、减速、急停、滑步、倒退跑和变向，在动作类型和移动距离方面更加符合篮球专项特征。5米跑的入选说明内线运动员需要快速启动的能力，10米运球跑和3秒区灵敏测试的入选说明内外线运动员需要在运球过程中具备快速启动能力和加速能力，并且在攻防两端表现出快速且灵活的移动能力。

100千克硬拉是反映运动员下肢最大力量和力量耐力的重要指标，要求运动员主要借助大腿和躯干的力量并通过肌肉的向心收缩完成伸髋和伸膝动作，将杠铃提起直到身体直立，然后通过肌肉的离心收缩完成屈髋和屈膝导致，将杠铃放下。硬拉过程中人体躯干部位的肌肉始终保持激活和收缩的状态，使身体保持挺直的姿势，起到保护腰椎的作用，与此同时锻炼下肢肌群，特别是臀肌。100千克硬拉的入选说明篮球运动员需要具备较好的下肢最大力量和力量耐力。

坐位体前屈是反映运动员大腿后群及躯干背侧肌肉的柔韧素质的指标。良好的柔韧素质对于其他运动素质的表现具有促进作用，对于预防运动损伤有重要的作用。坐位体前屈的入选说明篮球运动员需要基本较好的柔韧素质。

本书共计拟定了76项体能评价初选指标，经专家筛选、补充、再筛选后保留内线运动员体能评价指标25项，外线运动员体能评价指标29项，将专家筛选后保留的指标进行实际测试，然后对数据进行统计筛选，最终确立了内线运动员的专位体能评价指标10项、外线运动员专位体能评价指标11项（表3-38、表3-39）。

表3-38　内线运动员专位体能指标

	指标	因子载荷	成分命名
形态	臂展	0.991	长度
	克托莱指数	0.979	充实度
机能	1型Yo-Yo间歇恢复测试（最大摄氧量）	0.809	有氧能力

续表

	指标	因子载荷	成分命名
机能	4米×17次折返跑	0.824	无氧能力
运动素质	原地摸高	0.917	下肢爆发力
	侧平板支撑	0.877	躯干（核心）力量
	5米跑	0.858	启动速度
	100千克硬拉	0.850	下肢力量
	坐位体前屈	0.816	柔韧
	1RM卧推	0.690	上肢力量

表 3-39 外线运动员专位体能评价指标

	指标	因子载荷	成分命名
形态	臂展	0.915	长度
	体重/身高×1000	0.893	充实度
机能	1型 Yo-Yo 间歇恢复测试（最大摄氧量）	0.813	有氧能力
	4米×17次折返跑	0.821	无氧能力
运动素质	10米运球跑	0.844	启动及加速度
	100千克硬拉	0.781	下肢力量
	原地摸高	0.858	下肢爆发力
	3秒区灵敏	0.83	灵敏
	坐位体前屈	0.781	柔韧
	平板支撑	0.813	躯干（核心）力量
	1RM卧推	0.715	上肢力量

三、确定指标权重

（一）指标权重的计算方法

单项指标作为指标体系中各组成要素，对指标体系本身的影响具有程度上的差异，因此，在利用各指标反映整个指标体系，或者描述整个指标体系的概况和部分特征时，每一个指标的作用也不尽相同。特别是进行数量分析时，应该精确地表达各单项指标的影响程度。一般而言，上述影响程度的差异是通过权重数值体现出来的。权重是依据系统中各组成要素在系统中的相对重要程度和作用不同，而被赋予的一个数值。因此，为了反映各指标的相对重要程度，需要赋予相应的权重。权重数值通常应满足两个条件：第一，权重 W_i 在 0~1 之间取值，即 $0<W_i<1$；第二，各指标权重之和为 1，即 $\sum_{w_i}=1$。指标权重具有以下三个重要的作用：第一，指标权重反映了各指标间存在的不均衡性，通过量化数据可以精确、客观地呈现出各个指标在系统内的重要程度和价值上的差异；第二，权重在数据上表达出各指标的相对重要性，因此具有明确的标示功能；第三，权重不仅标示了指标体系内各指标的相对重要程度，而且确定了各指标之间以及指标与被评价对象之间的关系，从而使评价结论能够更加客观地反映被评价对象的全面状况。

已有的研究成果显示确定评价指标的权重主要使用四种方法，包括专家调查、因子分析、回归分析和灰色关联分析。灰色关联分析法和回归分析需要根据自变量（例如评价指标）和因变量（例如专项成绩）才能进行分析，因此本研究无法使用以上两种确定指标的方法。专家调查法容易受专家个人经历以及对该领域的理解程度等主观因素影响。为了使综合评价结果更加准确、合理以及有效地反映出各指标的重要程度，因此，本书采用《体育统计应用案例》中介绍的因子分析法加归一化计算出各个指标权重。本研究以内线运动员体能评价指标的权重计算为例介绍该方法，过程如下：

第一步，对最终确定的内线运动员体能评价指标进行因子分析，计算 KMO 值和巴特莱特球度检验，确认各指标两两之间的相关性符合因子分析的要求。该方面要求 KMO 值不小于 0.5，且巴特莱特球度检验的 X^2 检验统计量的显著性概率小于 0.01（具有相关性）才可以使用该因子分析方法。分析结果显示 KMO 值为 0.682 和 X^2 显著性概率为 0.000，均符合因子分析的要求。（表 3-40）

表 3-40 内线运动员体能评价指标体系的初始因子矩阵

	成分			
	1	2	3	4
臂展	0.203	−0.354	0.662	−0.528
克托莱指数	−0.561	0.659	0.205	−0.262
4米×17次折返跑	0.602	0.273	−0.005	0.367
1型Yo-Yo间歇恢复测试（最大摄氧量）	−0.498	0.746	−0.05	−0.037
原地摸高	−0.718	0.412	−0.01	−0.067
100千克硬拉	0.312	0.382	0.691	0.057
1RM卧推	0.544	0.378	−0.142	0.446
坐位体前屈	0.621	0.299	0.428	0.223
侧平板支撑	−0.696	−0.297	0.343	0.536
5米跑	0.715	0.318	−0.299	−0.494

第二步，计算权重并进行归一化处理。根据公式 $T_i = a_{i1}/\sum_{k=1}^{10}|a_{k1}| + a_{i2}/\sum_{k=1}^{10}|a_{k2}| + a_{i3}/\sum_{k=1}^{10}|a_{k4}| + a_{i4}/\sum_{k=1}^{10}|a_{k4}|$ 计算相应指标的权重，公式中 T_i 表示权重系数，$\sum_{k=1}^{10}|a_{k1}|$ 表示第1个主因子的各原始变量初始因子载的和，a_{i1} 表示初始因子载荷。具体计算过程如下：

计算每个主因子的各原始变量初始因子载的和：

$\sum_{k=1}^{10}|a_{k1}|$=0.203+|−0.561|+0.602+|−0.498|+|−0.718|+0.312+0.544+0.621+|−0.696|+0.715=5.47；

$\sum_{k=1}^{10}|a_{k2}|$=|−0.354|+0.659+0.273+0.746+0.412+0.382+0.378+0.299+|−0.297|+0.318=4.118；

$\sum_{k=1}^{10}|a_{k3}|$=0.662+0.205+|−0.005|+|−0.05|+|−0.01|+0.691+|−0.142|+0.428+0.343+|−0.299|=2.835；

$\sum_{k=1}^{10}|a_{k4}|=|-0.528|+|-0.262|+|0.367|+|-0.037|+|-0.067|+|0.057|=0.446+0.223+0.536+|-0.494|=3.017$；

计算权重系数：

$T_1=0.203/5.47+0.354/4.118+0.622/2.835+0.528/3.017=0.532$；
$T_2=0.561/5.47+0.659/4.118+0.205/2.835+0.262/3.017=0.422$；
$T_3=0.602/5.47+0.273/4.118+0.005/2.835+0.367/3.017=0.300$；
$T_4=0.498/5.47+0.746/4.118+0.05/2.835+0.037/3.017=0.302$；
$T_5=0.718/5.47+0.412/4.118+0.01/2.835+0.067/3.017=0.257$；
$T_6=0.312/5.47+0.382/4.118+0.691/2.835+0.057/3.017=0.421$；
$T_7=0.544/5.47+0.387/4.118+0.142/2.835+0.446/3.017=0.389$；
$T_8=0.621/5.47+0.299/4.118+0.428/2.835+0.223/3.017=0.411$；
$T_9=0.696/5.47+0.297/4.118+0.343/2.835+0.536/3.017=0.498$；
$T_{10}=0.715/5.47+0.318/4.118+0.299/2.835+0.494/3.017=0.477$。

将 T 值进行归一化处理：

$T_1=T_1/(T_1+T_2+T_3+T_4+T_5+T_6+T_7+T_8+T_9+T_{10})=0.532/4=0.133$；
$T_2=T_2/(T_1+T_2+T_3+T_4+T_5+T_6+T_7+T_8+T_9+T_{10})=0.422/4=0.105$；
$T_3=T_3/(T_1+T_2+T_3+T_4+T_5+T_6+T_7+T_8+T_9+T_{10})=0.300/4=0.075$；
$T_4=T_4/(T_1+T_2+T_3+T_4+T_5+T_6+T_7+T_8+T_9+T_{10})=0.302/4=0.076$；
$T_5=T_5/(T_1+T_2+T_3+T_4+T_5+T_6+T_7+T_8+T_9+T_{10})=0.257/4=0.064$；
$T_6=T_6/(T_1+T_2+T_3+T_4+T_5+T_6+T_7+T_8+T_9+T_{10})=0.421/4=0.103$；
$T_7=T_7/(T_1+T_2+T_3+T_4+T_5+T_6+T_7+T_8+T_9+T_{10})=0.389/4=0.097$；
$T_8=T_8/(T_1+T_2+T_3+T_4+T_5+T_6+T_7+T_8+T_9+T_{10})=0.411/4=0.103$；
$T_9=T_9/(T_1+T_2+T_3+T_4+T_5+T_6+T_7+T_8+T_9+T_{10})=0.5498/4=0.125$；
$T_{10}=T_{10}/(T_1+T_2+T_3+T_4+T_5+T_6+T_7+T_8+T_9+T_{10})=0.477/4=0.119$。

（二）评价指标权重的与结果分析

内线运动员的体能指标评价体系的权重计算结果如图 3-41 所示。外线运动员的分析结果显示 KMO 值为 0.708 和 X^2 显著性概率为 0.000，均符合因子分析的要求。按照上述步骤将外线运动员体能代表性指标的数据代入权重计算公式进行运算，得到外线运动员体能指标评价体系的权重，然后将各个三级指标的权重加总求和后得出各二级指标的权重,具体权重的运算结果见表 3-42 和表 3-43 所示。

表 3-41 内线运动员体能指标评价体系与权重

一级指标	权重	二级指标	三级指标	权重
身体形态	0.238	长度	臂展	0.133
		充实度	克托莱指数	0.105
身体机能	0.151	无氧能力	4 米 ×17 次折返跑	0.075
		有氧能力	1 型 Yo-Yo 间歇恢复测试(最大摄氧量)	0.076
运动素质	0.611	下肢爆发力	原地摸高	0.064
		下肢力量	100 千克硬拉	0.103
		上肢力量	1RM 卧推	0.097
		柔韧性	坐位体前屈	0.103
		躯干(核心)力量	侧平板支撑	0.125
		启动速度	5 米跑	0.119

表 3-42 外线运动员体能评价指标体系的初始因子矩阵

	成分			
	1	2	3	4
身高	0.538	0.608	−0.353	0.193
克托莱指数	0.306	0.849	−0.119	−0.051
原地摸高	0.372	0.053	−0.596	−0.447
100 千克硬拉	0.853	0.155	−0.007	0.177
1RM 卧推	0.3	0.701	0.263	−0.208
坐位体前屈	0.456	−0.202	−0.391	0.639

续表

	成分			
	1	2	3	4
平板支撑	0.684	−0.483	0.024	0.037
10米运球	0.296	0.162	0.657	0.406
3秒区灵敏	0.355	0.053	0.655	−0.208
1型Yo-Yo间歇恢复测试（最大摄氧量）	0.843	−0.336	0.104	−0.234
4米×17次折返跑	−0.824	0.375	−0.027	0.215

表3-43 外线运动员体能指标评价体系与权重

一级指标	权重	二级指标	三级指标	权重
身体形态	0.193	长度	身高	0.113
		充实度	克托莱指数	0.08
身体机能	0.166	有氧能力	1型Yo-Yo间歇恢复测试（最大摄氧量）	0.086
		无氧能力	4米×17次折返跑	0.08
运动素质	0.641	启动及加速度	10米运球	0.11
		柔韧性	坐位体前屈	0.102
		上肢力量	1RM卧推	0.096
		下肢力量	100千克硬拉	0.063
		躯干（核心）力量	平板支撑	0.065
		下肢爆发力	原地摸高	0.106
		灵敏度	3秒区灵敏	0.088

本书通过指标筛查和权重计算，建立了我国优秀U19男子篮球运动员专位体能评价指标体系的权重。通过对指标体系和权重的分析，有助于我们更深刻

地认识内线、外线运动员的体能特征和代表性体能要素。从身体形态、身体机能、运动素质三个一级指标所占的权重来看，运动素质指标所占的权重最大，达到61.1%和64.6%；身体形态指标所占的权重仅次于运动素质指标，分别达到23.8%和18.6%；身体机能指标所占的权重最小，分别达到15.1%和16.8%。这说明不管是内线运动员和外线运动员，其运动素质都是其体能结构的核心因素，因此运动素质训练应该是篮球运动员体能训练的主要内容。从运动素质内各类指标的比重来看，力量素质的相关指标合计占比都是最大的，说明力量训练应该是篮球运动员体能训练的主要内容。

从二级指标中各单一指标的权重占比来看，形态指标中的长度指标所占权重最大，内线运动员为13.3%，外线运动员为11.1%，说明长度是篮球运动员最重要的体能要素。机能指标中的有氧、无氧能力指标所占权重近似，说明有氧、无氧能力都是反映身体机能水平的重要指标。从内线、外线运动员的专位体能特征来看，内线运动员占权重较大的三级体能指标包括长度（13.3%）、躯干（核心）力量（12.5%）、启动速度（11.9%）、充实度（10.5%）、下肢力量（10.3%）、柔韧（10.3%）、上肢力量（9.7%），外线运动员占权重较大的三级体能指标包括长度（11.3%）、启动及加速度（11%）、下肢爆发力（10.6%）、柔韧（10.2%）、上肢力量（9.6%）。

从不同位置运动员的体能指标权重所反映出的篮球运动员体能共性特征来看，长度所占的指标权重最大，均超过11%，说明了长度对篮球运动员的重要性。但是代表长度的身高、臂展主要受先天遗传因素的影响，后天训练对增加身高、臂展的作用十分有限，因此应该有目的地选拔身高、臂展出众的青少年从事篮球运动，从而更好发挥其先天的长度优势。柔韧素质和速度素质都占据较大的权重（均超过10%），和上肢力量的权重都超过了9%，说明篮球运动对速度、柔韧、上肢力量的要求具有共性，因此提高速度、柔韧和上肢力量是内线、外线运动员的体能训练的共同目标。

从内线、外线运动员的体能指标权重所反映出的专位体能特征来看，内线运动员身体形态所占的权重明显大于外线运动员，说明身体形态是区分篮球运动员位置的主要因素。外线运动员身体机能的权重明显大于内线运动员，说明外线运动员的有氧、无氧工作能力、反复冲刺能力和恢复能力更强，能够承受更大的运动负荷，因此在体能训练中外线运动员要安排相对更大的负荷。从单项指标的权重来看，内线运动员的躯干（核心）力量、下肢力量和充实度的权重均超过10%，这三项指标都是内线运动员在抢占有利位置时进行身体对抗的体能基础。这说明相对体重大、下肢力量大、对抗能力强是优秀内线运动员的体能特征，因此躯干（核心）力量、下肢力量和增肌、增重是内线运动员的训练重点。而外线运动员的速度、下肢爆发力的权重都超过10%，说明速度快、跳跃高度高是外线运动员的体能特征，因此速度、下肢爆发力是外线运动员的训练重点。

四、确定评价标准

要对事物进行评价必须建立评价标准。评价标准是指衡量事物的准则，规定了被评价对象具备某种水平或程度才能达到相应的评价，例如优秀、良好、一般、较差及很差等的评价，是被评价对象达到指标体系相应程度的定量化反映。通过与标准进行比较，可以使被评价对象的差异得到客观、定量化的反映。本书采用《体育测量与评价》中的评价方法，建立优秀U19男子篮球运动员专位体能单项评分评价、综合评分评价和等级评价标准[1]。

（一）单项评分评价

为了认识和分析优秀U19男子篮球运动员专位体能水平的差异，制定出可以量化、比较的统一评价标准，本书在借鉴已有研究的基础上，采用了百分位计数法和20分制的评分方法，对每项入围指标建立单项评分标准。具体方法如下：使用SPSS打开已建立的运动员数据库，点选"分析"；在下拉菜单点选"描述统计"、然后再点选"频率"；在弹出的对话框中选择相应的指标作为变量，再点选"统计量"；在弹出窗口中的"百分位值"一栏中点选"百分位数"、然后依次输入5、10、15、20、25、30、35、40、45、50、55、60、65、70、75、80、85、90、95；在"离散程度"一栏中点选"最大值"和"最小值"；然后点选确定，即获得代表对应百分之百到百分之零的变量值，然后依次赋予20分到0分（其中速度的赋值与其他数据相反）。按照此步骤，本研究制定了不同位置的优秀U19男子篮球运动员专项体能指标评分标准（表3-44、表3-45）。

---

[1] 邢文华. 体育测量与评价 [M]. 北京体育学院出版社, 1985.

表 3-44　内线运动员专位体能指标单项评分标准

得分	臂展	克托莱指数	原地摸高	100千克硬拉	1RM卧推	侧平板支撑	5米跑	坐位体前屈	最大摄氧量	4米×17次折返跑
20	230	595	62.70	20	110	130	0.829	24.30	59.17	60.46
19	215.80	588	61.80	18	110	129.50	0.888	23.80	58.08	61.44
18	215	522	59.90	16	108	120.50	0.901	22.10	58.02	61.86
17	210.30	502	59.30	15	105	120	0.907	21	55.08	62.72
16	209.20	492	59.20	15	105	107.30	0.908	17.30	54.57	62.92
15	209	488	58.80	14	103	99.40	0.913	16.30	54.57	62.96
14	208	482	56.70	13	101	93	0.947	15.80	52.84	63.06
13	207	478	55.30	12	100	92.50	0.965	15.50	52.84	63.09
12	205.40	475	54.40	11	95	90	0.973	15	52.84	63.10
11	205	473	54.20	10	95	88.90	0.974	14.20	52.84	63.13
10	205	471	53.30	9	95	87.50	0.977	13.50	52.84	63.15
9	204.60	467	52	9	91	82.50	0.992	13	52.32	63.25
8	203	461	49.80	8	90	80.50	1.015	12.10	51.46	63.39
7	203	460	49.10	7	90	80.10	1.046	10.60	51.11	63.45
6	203	456	48.50	7	89	79.50	1.063	8.20	51.11	63.62
5	202.80	452	47.40	7	85	78.50	1.089	6.40	51.11	63.88
4	201.90	445	46.10	6	85	72.50	1.089	5.20	49.67	63.97
3	200.60	439	44.50	6	85	72	1.092	5	49.67	64.20
2	198.90	429	40.20	5	82	70.70	1.102	4.30	49.67	64.33
1	197.90	405	39.70	4	80	64.90	1.145	3.20	49.59	64.51
0	196	404	38.50	4	80	54.80	1.181	3.20	48.16	64.83

表 3-45　外线运动员专位体能指标单项评分标准

得分	身高	克托莱指数	原地摸高	100千克硬拉	1RM卧推	坐位体前屈	平板支撑	10米运球跑	3秒区灵敏	最大摄氧量	4米×17次折返跑
20	203	482	65.30	15	100	22.30	330	1.549	11.41	59.75	59.25
19	202	467	65.30	15	96	19.10	330	1.582	11.41	59.46	59.48

续表

得分	身高	克托莱指数	原地摸高	100千克硬拉	1RM卧推	坐位体前屈	平板支撑	10米运球跑	3秒区灵敏	最大摄氧量	4米×17次折返跑
18	200	458	64.00	13	95	18.60	298	1.626	11.45	58.02	60.45
17	198	454	62.70	12	95	18	270	1.639	11.49	58.02	60.56
16	198	449	62.00	11	93	17.20	235	1.645	11.56	58.02	60.68
15	198	445	60.90	10	92.50	17.10	209	1.652	11.66	58.02	60.80
14	197	442	59.20	8	92.25	16.60	195	1.663	11.75	56.87	61.21
13	197	437	58.40	8	85	16.20	180	1.679	11.77	54.57	61.86
12	196	434	57.50	7	85	15.30	180	1.681	11.8	54.57	61.90
11	195	431	55	6	85	15.20	165	1.69	11.8	54.57	61.93
10	195	423	54.20	6	85	15.20	159	1.692	11.83	53.41	61.97
9	193	420	52.60	6	84.50	15	151	1.695	11.92	52.84	62.04
8	193	419	52.60	5	83	14.20	150	1.698	12.16	52.84	62.12
7	191	417	51	5	82.50	12.70	146	1.719	12.25	52.84	62.16
6	191	406	51	5	80	12.20	132	1.727	12.29	52.84	62.20
5	190	405	50.20	5	80	11.20	122	1.743	12.33	52.84	62.23
4	190	400	50.20	4	77.50	8.70	120	1.766	12.34	52.55	62.36
3	188	389	49.80	4	75	6.10	94	1.835	12.45	52.55	62.37
2	181	378	49.40	3	71.25	3.70	90	1.873	12.45	52.26	62.58
1	178	365	48.40	3	70	1.60	84	1.922	12.63	50.53	63.26
0	173	353	45.30	1	70	0.20	67	1.964	11.41	50.53	63.59

根据上文中建立的篮球运动员专位体能指标评分标准，可以计算出不同位置的运动员在各项指标上的未加权得分情况，然后对同一位置的运动员的某一特定指标进行横向比较，从而了解运动员个体体能某一方面的水平在整个测试群体中所处的位置（表3-46、表3-47）。

表3-46 内线运动员体能指标单项评分得分表（未加权）

姓名	臂展	克托莱指数	原地摸高	100千克硬拉	1RM卧推	坐位体前屈	侧平板支撑	5米跑	4米×17次折返跑	最大摄氧量
朱××	20	2	1	1	1	17	2	8	6	7
李××	18	16	14	12	8	18	14	3	20	20
梁××	18	14	14	12	17	18	14	3	9	16
戴××	18	13	4	5	9	7	0	8	7	7
苏××	17	10	12	11	12	17	2	6	16	18
薛××	16	5	8	3	8	6	4	12	13	14
卢××	16	6	6	8	1	6	4	10	10	14
沈××	15	11	17	8	12	12	11	6	4	7
刘××	15	11	19	8	12	12	11	6	6	7
王××	14	18	10	17	13	5	1	11	8	8
杨××	13	6	4	15	14	3	11	14	5	7
李××	13	10	3	17	14	3	14	16	1	0
杨××	12	1	6	3	2	15	15	1	8	14
赵××	11	20	2	17	16	15	12	13	4	7
牛××	15	5	9	10	12	15	6	11	0	4
孙××	14	3	8	5	12	15	6	11	2	4
齐××	11	15	3	15	12	15	6	11	3	4
王××	8	8	9	8	13	9	3	16	3	4
孙××	8	8	11	3	13	9	3	8	1	4
鲁××	11	2	16	8	5	16	20	7	16	18
石××	11	4	14	11	5	12	17	0	18	18
于××	3	1	9	9	8	2	8	15	12	8
陈××	8	4	7	1	8	2	8	16	15	8
赵××	8	13	7	15	8	2	8	15	13	14
丁××	11	4	20	5	5	12	17	5	14	14
郭××	8	9	18	13	5	12	17	5	10	14

续表

姓名	臂展	克托莱指数	原地摸高	100千克硬拉	1RM卧推	坐位体前屈	侧平板支撑	5米跑	4米×17次折返跑	最大摄氧量
李××	11	7	16	13	5	12	17	5	10	14
李××	8	15	11	20	20	5	1	17	13	8
陆××	11	9	15	11	5	2	3	9	16	18
党××	8	13	18	17	5	15	15	2	15	14
孙××	8	12	2	11	20	4	14	13	15	16
杨××	2	12	0	11	17	4	14	13	16	16
刘××	3	0	16	5	1	2	3	18	15	14
陈××	2	16	12	11	8	20	12	18	12	16
魏××	2	16	11	15	20	20	12	18	11	16
韩××	8	18	1	15	16	15	9	20	8	7
葛××	2	17	13	16	16	8	5	5	5	4
梁××	0	17	9	12	16	8	5	1	2	4

表3-47 外线运动员体能指标单项评分得分表（未加权）

姓名	身高	克托莱指数	原地摸高	100千克硬拉	1RM卧推	坐位体前屈	平板支撑	10米运球	4米×17次折返跑	3秒区灵敏	最大摄氧量
刘××	20	8	5	14	16	17	0	11	6	18	10
于××	20	8	5	14	15	16	0	11	7	16	9
赵××	19	11	14	18	8	15	14	6	14	7	18
杨××	19	11	14	18	6	15	15	6	17	15	18
郑××	18	18	12	16	13	11	6	15	4	5	4
史××	18	18	12	16	11	11	4	15	7	12	4
王××	17	12	17	20	8	16	20	10	19	4	20
张××	17	12	17	20	18	17	29	18	20	19	19
巩××	17	12	17	18	8	17	20	18	18	1	19

续表

姓名	身高	克托莱指数	原地摸高	100千克硬拉	1RM卧推	坐位体前屈	平板支撑	10米运球	4米×17次折返跑	3秒区灵敏	最大摄氧量
刁××	17	15	7	17	18	12	17	11	17	8	18
赵××	17	14	7	15	18	13	16	12	17	16	18
李××	17	14	7	17	18	12	15	16	15	1	18
于××	17	17	15	7	18	3	2	20	2	6	9
张××	17	17	15	4	18	4	4	11	6	6	9
马××	14	6	20	14	16	15	16	8	16	9	18
韩××	14	6	18	14	16	13	18	8	15	15	18
王××	14	6	18	14	16	15	17	8	18	3	18
满××	14	19	9	15	16	11	10	18	8	5	13
苏××	14	19	9	15	16	11	10	19	10	20	13
沙××	14	13	19	2	13	16	5	14	8	13	4
孙××	14	13	19	2	13	18	4	18	2	13	2
王××	12	16	10	11	16	11	14	0	5	9	9
钱××	12	16	10	11	15	10	11	0	9	12	9
崔××	11	4	7	11	2	18	8	13	18	4	18
党××	11	5	7	11	3	16	7	13	17	10	9
王××	11	4	7	11	1	18	12	13	17	3	18
孙××	11	10	2	12	13	15	13	19	2	14	9
王××	11	5	2	12	13	15	9	8	4	1	9
张××	9	16	14	11	20	3	5	2	13	5	14
韩××	9	16	14	11	19	1	2	2	13	5	14
张××	9	13	9	14	20	5	9	13	12	8	13
李××	9	13	9	14	18	5	11	13	3	13
胡××	9	9	0	8	7	2	2	3	11	6	9
韩××	9	9	0	8	6	0	2	3	13	6	9

续表

姓名	身高	克托莱指数	原地摸高	100千克硬拉	1RM卧推	坐位体前屈	平板支撑	10米运球	4米×17次折返跑	3秒区灵敏	最大摄氧量
李××	7	3	17	2	1	11	6	17	6	20	10
张××	7	17	2	4	6	5	6	14	6	13	9
金××	7	8	2	4	4	5	5	6	5	14	9
王××	7	1	17	2	1	11	6	5	9	20	4
白××	7	15	16	11	13	4	12	18	3	17	2
陈××	7	20	16	11	14	3	14	1	1	12	2
刘××	5	11	12	17	14	6	18	18	11	8	13
霍××	5	10	12	17	13	7	10	18	8	1	13
陈××	5	7	13	8	12	20	7	1	0	12	9
余××	5	7	13	8	15	18	7	1	5	12	9
张××	3	9	5	8	8	11	13	4	1	7	1
郑××	3	10	5	9	8	12	13	4	0	16	1
于××	3	2	5	8	8	14	13	4	0	12	1
李××	3	2	5	8	5	7	13	4	1	12	1
纪××	2	4	10	0	2	4	3	19	5	18	10
陈××	2	1	10	0	3	2	3	14	12	18	9
殷××	1	2	9	8	3	5	15	5	10	14	13
郭××	1	1	9	8	3	3	14	12	12	9	13
马××	1	1	2	4	5	10	17	7	15	3	14
李××	0	0	2	4	6	11	17	7	14	3	14

要对篮球运动员进行体能综合评价，必须在单项评分评价的基础上，根据各项指标对体能影响的大小（权重大小）进行评价。计算加权得分的公式为：N = $\sum n_i \cdot w_i$（n_i 表示各项指标的得分，W_i 表示各项指标的权重），根据运动员每个单项指标的权重，计算出每个单项指标的加权得分。所获得的不同司职位置的篮球运动员在每项指标上加权得分。（表3-48、表3-49）

表 3-48　内线运动员体能指标单项评分得分表（加权）

姓名	臂展	克托莱指数	原地摸高	100千克硬拉	1RM卧推	坐位体前屈	侧平板支撑	5米跑	4米×17次折返跑	最大摄氧量
朱××	2.66	0.21	0.06	0.10	0.10	1.75	0.25	0.95	0.45	0.53
李××	2.39	1.68	0.90	1.24	0.78	1.85	1.75	0.36	1.50	1.52
梁××	2.39	1.47	0.90	1.24	1.65	1.85	1.75	0.36	0.68	1.22
戴××	2.39	1.37	0.26	0.52	0.87	0.72	0.00	0.95	0.53	0.53
苏××	2.26	1.05	0.77	1.13	1.16	1.75	0.25	0.71	1.20	1.37
薛××	2.13	0.53	0.51	0.31	0.78	0.62	0.50	1.43	0.98	1.06
卢××	2.13	0.63	0.38	0.82	0.10	0.62	0.50	1.19	0.75	1.06
沈××	2	1.16	1.09	0.82	1.16	1.24	1.38	0.71	0.30	0.53
刘××	2	1.16	1.22	0.82	1.16	1.24	1.38	0.71	0.45	0.53
王××	1.86	1.89	0.64	1.75	1.26	0.52	0.13	1.31	0.60	0.61
杨××	1.73	0.63	0.26	1.55	1.36	0.31	1.38	1.67	0.38	0.53
李××	1.73	1.05	0.19	1.75	1.36	0.31	1.75	1.90	0.08	0
杨××	1.60	0.11	0.38	0.31	0.19	1.55	1.88	0.12	0.60	1.06
赵××	1.46	2.10	0.13	1.75	1.55	1.55	1.50	1.55	0.30	0.53
牛××	2.00	0.53	0.32	1.03	1.16	1.55	0.75	1.31	0.00	0.30
孙××	1.86	0.32	0.51	0.52	1.16	1.55	0.75	1.31	0.15	0.30
齐××	1.46	1.58	0.19	1.55	1.16	1.55	0.75	1.31	0.23	0.30
王××	1.06	0.84	0.58	0.82	1.26	0.93	1.00	1.90	0.23	0.30
孙××	1.06	0.84	0.70	0.31	1.26	0.93	0.38	0.95	0.08	0.30
鲁××	1.46	0.21	1.02	0.82	0.49	1.65	2.50	0.83	1.20	1.37
石××	1.46	0.42	0.90	1.13	0.49	1.24	2.13	0.00	1.35	1.37
于××	0.40	0.11	0.32	0.93	0.78	0.21	1.00	1.79	0.90	0.61
陈××	1.06	0.42	0.45	0.10	0.78	0.21	1.00	1.90	1.13	0.61
赵××	1.06	1.37	0.45	1.55	0.78	0.21	1.00	1.79	0.98	1.06

续表

姓名	臂展	克托莱指数	原地摸高	100千克硬拉	1RM卧推	坐位体前屈	侧平板支撑	5米跑	4米×17次折返跑	最大摄氧量
丁××	1.46	0.42	1.28	0.52	0.49	1.24	2.13	0.60	1.05	1.06
郭××	1.06	0.95	1.15	1.34	0.49	1.24	2.13	0.60	0.75	1.06
李××	1.46	0.74	1.02	1.34	0.49	1.24	2.13	0.60	0.75	1.06
李××	1.06	1.58	0.70	2.06	1.94	0.52	0.13	2.02	0.98	0.61
陆××	1.46	0.95	0.96	1.13	0.49	0.21	0.38	1.07	1.20	1.37
党××	1.06	1.37	1.15	1.75	0.49	1.55	1.88	0.24	1.13	1.06
孙××	1.06	1.26	0.13	1.13	1.94	0.41	1.75	1.55	1.13	1.22
杨××	0.27	1.26	0.00	1.13	1.65	0.41	1.75	1.55	1.20	1.22
刘××	0.40	0.00	1.02	1.55	0.10	0.21	0.38	2.14	1.13	1.06
陈××	0.27	1.68	0.77	1.55	0.78	2.06	1.50	2.14	0.90	1.22
魏××	0.27	1.68	0.70	1.03	1.94	2.06	1.50	2.14	0.83	1.22
韩××	1.06	1.89	0.06	1.24	1.55	1.55	1.13	2.38	0.60	0.53

表3-49 外线运动员体能指标单项评分得分表（加权）

姓名	身高	克托莱指数	原地摸高	100千克硬拉	1RM卧推	坐位体前屈	平板支撑	10米运球	4米×17次折返跑	3秒区灵敏	最大摄氧量
刘××	2.12	0.64	0.53	0.88	1.54	1.92	0.00	1.21	0.48	1.58	0.86
于××	2.12	0.64	0.53	0.88	1.54	1.92	0.00	1.21	0.56	1.41	0.77
赵××	2.01	0.88	1.48	1.13	0.58	1.80	0.98	0.66	1.12	0.62	1.55
杨××	2.01	0.88	1.48	1.13	0.58	1.80	0.98	0.66	1.36	1.32	1.55
郑××	1.91	1.44	1.27	1.01	1.25	1.32	0.26	1.65	0.32	0.44	0.34
史××	1.91	1.44	1.27	1.01	1.25	1.32	0.26	1.65	0.56	1.06	0.34
王××	1.80	0.96	1.80	1.26	0.77	2.04	1.30	1.10	1.52	0.35	1.72

续表

姓名	身高	克托莱指数	原地摸高	100千克硬拉	1RM卧推	坐位体前屈	平板支撑	10米运球	4米×17次折返跑	3秒区灵敏	最大摄氧量
张××	1.80	0.96	1.80	1.26	0.77	2.04	1.30	1.98	1.60	1.67	1.63
巩××	1.80	0.96	1.80	1.26	0.77	2.04	1.30	1.98	1.44	0.09	1.63
刁××	1.80	1.20	0.74	1.07	1.73	1.44	1.04	1.21	1.36	0.70	1.55
赵××	1.80	1.12	0.74	1.07	1.73	1.44	1.04	1.32	1.36	1.41	1.55
李××	1.80	1.12	0.74	1.07	1.73	1.44	1.04	1.76	1.20	0.09	1.55
于××	1.80	1.36	1.59	0.25	1.73	0.36	0.13	2.20	0.16	0.53	0.77
张××	1.80	1.36	1.59	0.25	1.73	0.36	0.13	1.21	0.48	0.53	0.77
马××	1.48	0.48	2.12	0.88	1.54	1.80	1.17	0.88	1.28	0.79	1.55
韩××	1.48	0.48	1.91	0.88	1.54	1.80	1.17	0.88	1.20	1.32	1.55
王××	1.48	0.48	1.91	0.88	1.54	1.80	1.17	0.88	1.44	0.26	1.55
满××	1.48	1.52	0.95	0.95	1.54	1.32	0.65	1.98	0.64	0.44	1.12
苏××	1.48	1.52	0.95	0.95	1.54	1.32	0.65	2.09	0.80	1.76	1.12
沙××	1.48	1.04	2.01	0.13	1.25	2.16	0.33	1.54	0.64	1.14	0.34
孙××	1.48	1.04	2.01	0.13	1.25	2.16	0.26	1.98	0.16	1.14	0.17
王××	1.27	1.28	1.06	0.69	1.54	1.32	0.91	0.00	0.40	0.79	0.77
钱××	1.27	1.28	1.06	0.69	1.54	1.32	0.72	0.00	0.72	1.06	0.77
崔××	1.17	0.32	0.74	0.69	0.10	2.16	0.52	1.43	1.44	0.35	1.55
党××	1.17	0.40	0.74	0.69	0.10	2.16	0.52	1.43	1.36	0.88	1.55
王××	1.17	0.32	0.74	0.69	0.10	2.16	0.52	1.43	1.36	0.26	1.55
孙××	1.17	0.80	0.21	0.76	1.25	1.80	0.59	2.09	0.16	1.23	0.77
王××	1.17	0.40	0.21	0.76	1.25	1.80	0.59	0.88	0.32	0.09	0.77
张××	0.95	1.28	1.48	0.69	1.92	0.12	0.13	0.22	1.04	0.44	1.20
韩××	0.95	1.28	1.48	0.69	1.92	0.12	0.13	0.22	1.04	0.44	1.20

续表

姓名	身高	克托莱指数	原地摸高	100千克硬拉	1RM卧推	坐位体前屈	平板支撑	10米运球	4米×17次折返跑	3秒区灵敏	最大摄氧量
张××	0.95	1.04	0.95	0.88	1.92	0.60	0.59	1.43	0.96	0.70	1.12
李××	0.95	1.04	0.95	0.88	1.73	0.60	0.72	1.43	0.72	0.26	1.12
胡××	0.95	0.72	0.00	0.50	0.58	0.00	0.13	0.33	0.88	0.53	0.77
韩××	0.95	0.72	0.00	0.50	0.58	0.00	0.13	0.33	1.04	0.53	0.77
李××	0.74	0.24	1.80	0.13	0.10	1.32	0.39	1.87	0.48	1.76	0.86
张××	0.74	1.36	0.21	0.25	0.38	0.60	0.39	1.54	0.48	1.14	0.77
金××	0.74	0.64	0.21	0.25	0.38	0.60	0.33	0.66	0.40	1.23	0.77
王××	0.74	0.08	1.80	0.13	0.10	1.32	0.39	0.55	0.72	1.76	0.34
白××	0.74	1.20	1.70	0.69	1.25	0.48	0.78	1.98	0.24	1.50	0.17
陈××	0.74	1.60	1.70	0.69	1.25	0.48	0.91	0.11	0.08	1.06	0.17
刘××	0.53	0.88	1.27	1.07	1.25	0.72	1.17	1.98	0.88	0.70	1.12
霍××	0.53	0.80	1.27	1.07	1.25	0.72	0.65	1.98	0.64	0.09	1.12
陈××	0.53	0.56	1.38	0.50	1.25	2.40	0.46	0.11	0.00	1.06	0.77
余××	0.53	0.56	1.38	0.50	1.25	2.40	0.46	0.11	0.40	1.06	0.77
张××	0.32	0.72	0.53	0.50	0.77	1.32	0.85	0.44	0.08	0.62	0.09
郑××	0.32	0.80	0.53	0.50	0.77	1.32	0.85	0.44	0.00	1.41	0.09
于××	0.32	0.16	0.53	0.50	0.77	1.32	0.85	0.44	0.00	1.06	0.09
李××	0.32	0.16	0.53	0.50	0.77	1.32	0.85	0.44	0.08	1.06	0.09
纪××	0.21	0.32	1.06	0.00	0.19	0.24	0.20	2.09	0.40	1.58	0.86
陈××	0.21	0.08	1.06	0.00	0.19	0.24	0.20	1.54	0.96	1.58	0.77
殷××	0.11	0.16	0.95	0.50	0.29	0.36	0.98	0.55	0.80	1.23	1.12
郭××	0.11	0.08	0.95	0.50	0.29	0.36	0.91	1.32	0.96	0.79	1.12
马××	0.11	0.08	0.21	0.25	0.58	1.32	1.11	0.77	1.20	0.26	1.20
李××	0.00	0.00	0.21	0.25	0.58	1.32	1.11	0.77	1.12	0.26	1.20

（二）综合评分评价

对我国优秀 U19 男子篮球运动员进行体能综合评分评价包括下列三个步骤。第一，根据运动员每个单项指标的加权得分，加总后计算出各一级指标得分（未加权）。例如，内线运动员身体形态指标未加权得分为臂展 + 克托莱指数的加总得分，也就是将一级指标所包含的所有单项指标的未加权得分加总求和。第二，用步骤一计算出的各一级指标未加权数值，乘以其相对应的权重值，计算出运动员每个一级指标的加权得分。第三，将所有一级指标的加权得分相加求和，得到运动员的综合体能加权得分。计算公式为：综合体能加权得分 = 身体形态加权得分 + 身体机能加权得分 + 运动素质加权得分。依据上述步骤计算出不同位置运动员的体能综合评分评价结果（表 3-50、表 3-51）。

表 3-50　内线运动员专位体能一级指标综合评分评价结果

姓名	未加权			加权			综合
	身体形态	身体机能	运动素质	身体形态	身体机能	运动素质	
朱××	2.87	0.98	3.22	0.68	0.15	1.97	2.80
李××	4.07	3.02	6.87	0.97	0.46	4.20	5.62
梁××	3.86	1.89	7.74	0.92	0.29	4.73	5.94
戴××	3.76	1.06	3.32	0.89	0.16	2.03	3.08
苏××	3.31	2.57	5.78	0.79	0.39	3.53	4.71
薛××	2.65	2.04	4.14	0.63	0.31	2.53	3.47
卢××	2.76	1.81	3.61	0.66	0.27	2.21	3.14
沈××	3.15	0.83	6.40	0.75	0.13	3.91	4.79
刘××	3.15	0.98	6.53	0.75	0.15	3.99	4.89
王××	3.75	1.21	5.91	0.89	0.18	3.61	4.69
杨××	2.36	0.91	6.51	0.56	0.14	3.98	4.68
李××	2.78	0.08	7.57	0.66	0.01	4.63	5.30
杨××	1.70	1.66	4.43	0.40	0.25	2.70	3.36
赵××	3.56	0.83	8.13	0.85	0.13	4.96	5.94

续表

姓名	未加权			加权			综合
	身体形态	身体机能	运动素质	身体形态	身体机能	运动素质	
牛××	2.52	0.30	5.60	0.60	0.05	3.42	4.07
孙××	2.18	0.45	5.80	0.52	0.07	3.54	4.13
齐××	3.04	0.53	6.51	0.72	0.08	3.97	4.78
王××	1.90	0.53	6.49	0.45	0.08	3.97	4.50
孙××	1.90	0.38	4.53	0.45	0.06	2.77	3.28
鲁××	1.67	2.57	7.31	0.40	0.39	4.47	5.25
石××	1.88	2.72	5.88	0.45	0.41	3.59	4.45
于××	0.50	1.51	4.60	0.12	0.23	2.81	3.16
陈××	1.48	1.73	4.44	0.35	0.26	2.71	3.33
赵××	2.43	2.04	5.76	0.58	0.31	3.52	4.41
丁××	1.88	2.11	6.24	0.45	0.32	3.81	4.58
郭××	2.01	1.81	6.93	0.48	0.27	4.24	4.99
李××	2.20	1.81	6.80	0.52	0.27	4.16	4.95
李××	2.64	1.58	7.37	0.63	0.24	4.50	5.37
陆××	2.41	2.57	4.23	0.57	0.39	2.58	3.55
党××	2.43	2.19	7.15	0.58	0.33	4.37	5.28
孙××	2.32	2.34	6.91	0.55	0.35	4.22	5.13
杨××	1.53	2.42	6.49	0.36	0.36	3.97	4.69
刘××	0.40	2.19	3.84	0.09	0.33	2.35	2.77
陈××	1.95	2.12	8.79	0.46	0.32	5.37	6.15
魏××	1.95	2.04	9.89	0.46	0.31	6.04	6.81
韩××	2.95	1.13	8.52	0.70	0.17	5.21	6.08

表3-51 外线运动员专位体能一级指标综合评分评价结果

姓名	未加权			加权			综合
	身体形态	身体机能	运动素质	身体形态	身体机能	运动素质	
刘××	2.76	1.34	7.66	0.51	0.22	4.96	5.70
于××	2.76	1.33	7.49	0.51	0.22	4.85	5.59
赵××	2.89	2.67	7.25	0.54	0.44	4.70	5.68
杨××	2.89	2.91	7.95	0.54	0.48	5.15	6.17
郑××	3.35	0.66	7.20	0.62	0.11	4.67	5.40
史××	3.35	0.90	7.82	0.62	0.15	5.07	5.84
王××	2.76	3.24	8.62	0.51	0.54	5.59	6.64
张××	2.76	3.23	10.82	0.51	0.54	7.01	8.06
巩××	2.76	3.07	9.24	0.51	0.51	5.99	7.01
刁××	3.00	2.91	7.93	0.56	0.48	5.14	6.18
赵××	2.92	2.91	8.75	0.54	0.48	5.67	6.70
李××	2.92	2.75	7.87	0.54	0.46	5.10	6.10
于××	3.16	0.93	6.79	0.59	0.15	4.40	5.14
张××	3.16	1.25	5.80	0.59	0.21	3.76	4.55
马××	1.96	2.83	9.18	0.36	0.47	5.95	6.78
韩××	1.96	2.75	9.50	0.36	0.46	6.16	6.98
王××	1.96	2.99	8.44	0.36	0.50	5.47	6.33
满××	3.00	1.76	7.83	0.56	0.29	5.07	5.92
苏××	3.00	1.92	9.26	0.56	0.32	6.00	6.88
沙××	2.52	0.98	8.56	0.47	0.16	5.55	6.18
孙××	2.52	0.33	8.93	0.47	0.05	5.79	6.31
王××	2.55	1.17	6.31	0.47	0.19	4.09	4.76
钱××	2.55	1.49	6.39	0.47	0.25	4.14	4.86
崔××	1.49	2.99	5.99	0.28	0.50	3.88	4.66
党××	1.57	2.91	6.52	0.29	0.48	4.22	5.00
王××	1.49	2.91	5.90	0.28	0.48	3.82	4.58
孙××	1.97	0.93	7.93	0.37	0.15	5.14	5.66

续表

姓名	未加权			加权			综合
	身体形态	身体机能	运动素质	身体形态	身体机能	运动素质	
王××	1.57	1.09	5.58	0.29	0.18	3.62	4.09
张××	1.93	2.24	5.00	0.41	0.37	3.24	4.03
韩××	1.83	2.24	5.00	0.41	0.37	3.24	4.03
张××	1.99	2.08	7.07	0.37	0.35	4.58	5.30
李××	1.86	1.84	6.57	0.37	0.31	4.26	4.93
胡××	1.67	1.65	2.07	0.81	0.27	1.54	3.93
韩××	1.67	1.81	2.07	0.71	0.30	1.64	3.95
李××	0.98	1.34	7.37	0.18	0.22	4.78	5.18
张××	2.10	1.25	4.51	0.39	0.21	2.92	3.52
金××	1.38	1.17	3.66	0.26	0.19	2.37	2.82
王××	0.82	1.06	6.05	0.15	0.18	3.92	4.25
白××	1.94	0.41	8.38	0.36	0.07	5.43	5.86
陈××	2.34	0.25	6.20	0.44	0.04	4.02	4.49
刘××	1.41	2.00	8.16	0.26	0.33	5.29	5.88
霍××	1.33	1.76	7.03	0.25	0.29	4.56	5.09
陈××	1.09	0.77	7.16	0.20	0.13	4.64	4.97
余××	1.09	1.17	7.16	0.20	0.19	4.64	5.04
张××	1.04	0.17	5.03	0.19	0.03	3.26	3.48
郑××	1.12	0.09	5.82	0.21	0.01	3.77	3.99
于××	0.48	0.09	5.47	0.09	0.01	3.54	3.65
李××	0.48	0.17	5.47	0.09	0.03	3.54	3.66
纪××	0.53	1.26	5.36	0.10	0.21	3.47	3.78
陈××	0.29	1.73	4.81	0.05	0.29	3.12	3.46
殷××	0.27	1.92	4.86	0.05	0.32	3.15	3.52
郭××	0.19	2.08	5.12	0.04	0.35	3.32	3.70
马××	0.19	2.40	4.50	0.04	0.40	2.92	3.35
李××	0.00	2.32	4.50	0.00	0.39	2.92	3.30

（三）等级评价

根据我国优秀 U19 男子篮球运动员专位体能指标评分标准和权重，可以计算出各个运动员在二级指标、一级指标和综合指标上的得分情况。在此基础上，本研究采用体育测量与评价原理中的等级评价方法，采用百分位法构建了优秀 U19 男子篮球运动员专位体能等级评价标准（分上等、中上等、中等、中下等、下等，共五级评价），从而更加客观、清楚地认识运动员个体在体能各个方面的差距和不足（表 3-52、表 3-53）。

表 3-52 内线运动员体能单项、一级和综合指标等级评价标准

		下等	中下等	中等	中上等	上等
		10% 以下	10%～<25%	25%～75%	>75%～90%	90% 以上
单项指标	臂展	<198.9	198.9—<202.8	208.8—209	>209—215	>215
	克托莱指数	<429	429—<452	452—488	>488—522	>522
	1 型 Yo—Yo 间歇恢复测试（最大摄氧量）	<49.67	49.67—<51.11	51.11—54.57	>54.57—58.02	>58.02
	4 米×17 次折返跑	>64.33	64.33—>63.88	63.88—62.96	<62.96—61.86	<61.86
	100 千克硬拉	<5	5—<7	7-14	>14-16	>16
	原地摸高	<40.2	40.2—<47.4	47.4—58.8	>58.8—59.9	>59.9
	1RM 卧推	<82	82—>85	85—103	>103—108	>108
	侧平板支撑	<70.7	70.7—<78.5	78.5—99.4	>99.4—120.5	>120.5
	5 米跑	>1.102	1.102—>1.089	1.089—0.913	<0.913—0.901	<0.901
	坐位体前屈	<4.3	4.3—<6.4	6.4—16	>16.3—22.1	>22.1
一级指标	身体形态	<1.52	1.52—<1.9	1.9—3.02	>3.02—3.75	>3.75
	身体机能	<0.43	0.43—<0.93	0.93—2.17	>2.17—2.57	>2.57
	运动素质	<3.77	3.77—<4.55	4.55—7.10	>7.10—8.25	>8.25
	综合	<3.12	3.12—<3.49	3.49—5.27	>5.27—5.98	>5.98

表 3-53 外线运动员体能单项、一级和综合指标等级评价标准

		下等	中下等	中等	中上等	上等
		10%以下	10%~<25%	25%~75%	>75%~90%	90%以上
单项指标	身高	<181	181—<190	190—198	>198—200	>200
	克托莱指数	<378	378—<405	405—445	>445—458	>458
	1型Yo—Yo间歇恢复测试（最大摄氧量）	<52.26	52.26—<52.84	52.84—56.87	>56.87—58.02	>58.02
	4米×17次折返跑	<62.58	62.58—<62.23	62.23—60.8	>60.8—60.45	>60.45
	100千克硬拉	<3	3—<5	5—10	>10—13	>13
	原地摸高	<49.4	49.4—<50.2	50.2—60.9	>60.9—64	>64
	1RM卧推	<71.25	71.25—<80	80—92.5	>92.5—95	>95
	平板支撑	<90	90—<122	112—209	>209—298	>298
	坐位体前屈	<3.7	3.7—<11.2	11.2—17.1	>17.1—18.6	>18.6
	10米运球跑	>1.873	1.873—>1.743	1.743—1.652	<1.652—1.626	<1.626
	3秒区灵敏	>12.45	12.45—>12.33	12.33—11.66	<11.66—11.45	<11.45
一级指标	身体形态	<0.39	0.39—<1.11	1.11—2.76	>2.76—3	>3
	身体机能	<0.29	0.29—<1.04	1.04—2.69	>2.69—2.95	>2.95
	运动素质	<4.51	4.51—<5.44	5.44—7.94	>7.94—9.06	>9.06
综合		<3.41	3.41—<3.94	3.94—5.97	>5.97—6.74	>6.74

利用等级评价标准，教练员可以清楚地界定运动员在体能各单项指标、一级指标和综合指标方面所处的等级和位置，从而更客观地了解运动员体能各构成要素的优势和不足，制定更有针对性的训练目标和安排训练内容。

五、评价体系的回代检验

根据体育测量与评价理论的要求，还应对建立的评价体系的有效性进行检验，因此本书选取天津荣钢青年队的运动员作为验证对象，对评价体系的评分结果和

教练员主观打分结果进行相关性检验。具体验证方法如下：第一步，由球队的主教练、助理教练和领队共同选取 5 名主力队员和 5 名替补队员（共包含 4 名内线队员和 6 名外线队员）；第二步，根据我国优秀 U19 男子篮球运动员专位体能单项评分标准对 10 名运动员的测试成绩进行打分；第三步，为教练员解释清楚测试指标的具体内容、权重和意义，并且请球队的主教练、助理教练和领队共同为 10 名运动员的相应体能要素水平进行打分，然后获得 3 人的打分结果；第四步将教练员的主观打分结果取平均值后与测试的评分结果进行 Kendall 相关性分析。经过以上四个步骤，获得的统计结果显示：10 名运动员的测试评分结果与主观打分结果相关系数为 0.764，等级评价结果中有 8 个测试评分结果与主观打分结果相同，匹配率达到 80%，说明本书所构建的体能评价体系的评价结果与教练员主观判定结果一致性较高（表 3-54）。

表 3-54 部分 U19 男子篮球运动员专位体能测试评分和主管打分结果

	内线 1	内线 2	内线 3	内线 4	外线 1	外线 2	外线 3	外线 4	外线 5	外线 6
测试评分	5.96	5.83	5.06	4.94	6.81	6.42	5.78	5.84	5.77	5.18
评分对应等级	中上	中上	中	中	上	中上	中上	中	中	中
主观打分	6.05	5.53	5.23	5.13	6.63	6.13	6.25	5.73	5.53	5.27
打分对应等级	上	中上	中	中	中上	中上	中上	中	中	中

六、构建我国优秀 U19 男子篮球运动员专位体能结构模型

模型，是指按照一定比例把某一对象或事物的主要特性以放大或缩小的形式复制，由此产生的代替物，模型本身是一个经简化后的系统，以及系统中各要素之间相互关系的简单描述。体能结构模型是对运动员体能系统最大限度的简化，其目的是深入地揭示出制约运动员体能水平的关键因素，进行有目的、针对性的训练，并且有效地控制体能训练过程，提高运动员体能训练的效果[①]。从结构上剖析体能模型，应以模型指标筛选为核心，以运动员体能模型结构为基础，以对运

---

① 田麦久. 负荷原则与训练过程 [M]. 青海省体育运动委员会，1986.

动员体能水平评价和诊断为目的而形成的一种理论框架[①]。基于前述理论而建立的体能结构模型可以为我国篮球运动员的科学选材和体能训练提供具体而明确的目标。因此，本书在指标筛选的基础上通过对指标体系进行数理描述和归纳，建立了我国优秀 U19 男子篮球运动员体能结构模型。

（一）我国优秀 U19 男子篮球运动员专位体能结构模型的一般量值模型

根据前述建立模型的要求，本研究建立的我国优秀 U19 男子篮球运动员体能结构模型的内容包括：指标、模型特征值、最大值、最小值和基本特征等五部分内容。同时，依据统计学原理，确定模型特征值，最后以各项指标所代表的意义对其内容进行定义，以便对体能结构特征进行理论概述。其中指标是模型的核心，其对应的模型特征值是对基本特征的数学表达，而基本特征是对指标的定性描述（表 3-55 和表 3-56）。

表 3-55 内线运动员体能结构特征一般量值模型（n=38）

体能结构	指标	单位	特征值 M±SD	最大值	最小值	基本特征
身体形态	臂展	厘米	205.82±6.16	230.3	196.3	身材高大、臂展较长
	克托莱指数	千克	473.57±41.05	595.1	404	体型粗壮，体重较大
身体机能	1型 Yo-Yo 间歇恢复测试（最大摄氧量）	毫升/千克/分钟	52.69±2.74	48.16	59.17	有氧工作能力强、恢复能力强
	4米×17次折返跑	秒	63.24±0.86	64.83	60.46	无氧工作能力强、恢复能力强
运动素质	100千克硬拉	千克	10.21±4.21	20	4	腰部和下肢肌肉发达、力量大
	原地摸高	厘米	52.0±6.82	62.7	38.5	下肢爆发力好
	1RM 卧推	千克	94.54±9.32	110	80	上肢力量大
	侧平板支撑	秒	86.24±18.73	130	54.8	躯干（核心）力量好
	5米跑	秒	0.999±0.845	0.829	1.181	启动及加速度快
	坐位体前屈	厘米	12.76±6.2	24.3	3.2	柔韧性较好

[①] 林琳，曹景伟，曹莉，等.论体能类项目优秀运动员体能模型的理论架构[J].广州体育学院学报，2001，21（1）：78-81.

表 3-56 外线运动员体能结构特征一般量值模型（n=54）

体能结构	指标	单位	特征值 M±SD	最大值	最小值	基本特征
身体形态	身高	厘米	193.04±6.69	203	173	身材高大、臂展较长
	克托莱指数	–	422.9±29.31	481.7	352.6	体型粗壮，体重较大
身体机能	1型Yo-Yo间歇恢复测试（最大摄氧量）	毫升/千克/分钟	54.63±2.64	50.535	59.7	有氧工作能力强、恢复能力强
	4米×17次折返跑	秒	61.69±0.97	63.59	59.25	无氧工作能力强、恢复能力强
运动素质	10米运球	秒	1.707±0.010	1.549	1.964	启动及加速度快
	坐位体前屈	厘米	13.26±5.34	22.3	0.2	柔韧性较好
	1RM卧推	千克	85.65±10.12	100	70	上身力量较好
	100千克硬拉	次	7.13±3.59	15	1	腰部和下肢肌肉发达、力量大
	平板支撑	秒	174.41±71.09	330	67	躯干（核心）力量较好
	原地摸高	厘米	55.49±5.73	65.3	45.3	下肢爆发力好
	3秒区灵敏	秒	11.967±0.386	11.41	12.63	脚步灵活

上述篮球运动员专位体能结构模型的一般量值模式，是对其体能整体特征的一种数理描述，是运动员个体能够跻身于优秀运动员群体行列所应具备的基本条件。从理论上讲，只有具备上述体能水平的运动员才有可能进入优秀运动员的行列。因此，体能结构模型既可以作为同年龄段一般篮球运动员体能训练的目标，又可作为优秀篮球运动员的标准之一。

（二）我国优秀U19男子篮球运动员专位体能结构模型的理想量值模型

体能结构模型的一般模型，只是表述了我国优秀U19男子篮球运动员群体的共同特征，仅能为篮球运动员提供体能发展的基本方向。但是，要想成为入选国家队的运动员，将来能在各种国际篮球大赛中具有竞争实力，就必须要建立一个更为清晰、明确和长远的目标。因此，需要建立一个优秀运动员体能结构的理想模型。所谓理想模型是指以同质样本处于正态分布范围中较高水平的顶尖群体为对象而建立的模型。在体质研究中，建立理想体质评价标准的基线是以人群的第 80 百分位数以上的指标样本数据。曹景伟提出：根据竞技运动的特性，体能理想模型建立的基线应该适当提高，通常为第 90 百分位数[①]。因此，对我国优秀 U19 男子篮球运动员的各项代表性指标的第 90 百分位数进行计算，使用计算结果，建立起我国优秀 U19 男子篮球运动员专位体能结构的理想模型（表 3-57、表 3-58）。

表 3-57　内线运动员体能结构特征理想量值模型

体能结构	指标	单位	理想模型值 ≥ 90 百分位数
身体形态	臂展	厘米	215
	克托莱指数	-	522
身体机能	1 型 Yo-Yo 间歇恢复测试（最大摄氧量）	毫升/千克/分钟	58.02
	4 米 ×17 次折返跑	秒	61.86
运动素质	100 千克硬拉	数量	16
	原地摸高	厘米	59.9
	1RM 卧推	千克	108
	侧平板支撑	秒	120.5
	5 米跑	秒	0.901
	坐位体前屈	厘米	22.1

表 3-58　外线运动员体能结构特征理想量值模型

体能结构	指标	单位	理想模型值 ≥ 90 百分位数
身体形态	身高	厘米	200
	克托莱指数	-	458
身体机能	1 型 Yo-Yo 间歇恢复测试（最大摄氧量）	毫升/千克/分钟	58.02
	4 米 ×17 次折返跑	秒	60.45

---

① 曹景伟. 面向 2008 年奥运会我国优秀皮划艇（静水）运动员科学选材的理论与实证研究［D］. 北京：北京体育大学，2004.

续表

体能结构	指标	单位	理想模型值 ≥ 90 百分位数
运动素质	10 米运球	秒	1.626
	坐位体前屈	厘米	18.6
	1RM 卧推	千克	95
	100 千克硬拉	数量	13
	平板支撑	秒	298
	原地摸高	厘米	64
	3 秒区灵敏	秒	11.45
	10 米运球	秒	1.625

在认识我国优秀 U19 男子篮球运动员体能特征的基础上，为了帮助教练员更好地认识和评价不同位置运动员个体的体能现实状态，本书建立了我国优秀 U19 男子篮球运动员专位体能评价体系，包括指标、指标权重及评价标准三个主要部分。

在确定篮球专位体能评价指标体系的过程中，本研究根据文献中常用的体能测试指标和专家、教练员的建议，拟定了初选指标 78 项、然后通过专家筛选指标后获得内线运动员指标 25 项、获得外线运动员指标 29 项，最后运用统计学软件 SPSS 进行统计筛选（主成分分析）确定内线运动员指标 10 项、外线运动员指标 11 项。

本书通过因子分析和归一化处理确定优秀 U19 男子篮球运动员专位体能评价指标的权重，内线运动员的指标权重情况如下：身体形态指标占 23.8%（长度占 13.3%、充实度占 10.5%）、身体机能指标占 15.5%（有氧能力占 7.5%、无氧能力占 7.6%）、身体素质指标占 61.1%（下肢爆发力占 6.4%、下肢力量占 10.3%、上肢力量占 9.7%、柔韧素质占 10.3%、躯干/核心力量占 12.5%、启动速度占 11.9%）。外线运动员的指标权重如下：身体形态指标占 19.3%（长度占 11.3%、充实度占 8%）、身体机能指标占 16.6%（有氧能力占 8.6%、无氧能力占 8%）、身体素质指标占 64.1%（启动和速度占 11%、柔韧素质占 10.2%、上肢力量占 9.6%、下肢力量占 6.3%、躯干/核心力量占 6.5%、下肢爆发力占 10.6%、灵敏素质占 8.8%）。

本书通过分析不同位置运动员的体能指标权重，发现内线、外线运动员在体能方面的共性特征为：三个一级指标中运动素质指标所占的权重最大；二级指标中长度所占的单个权重最大，力量素质的合计权重最大，柔韧素质、速度素质和上肢力量都占据较大的权重（超过了9%）。不同位置运动员的体能特征的差异为：内线运动员身体形态所占的权重明显大于外线运动员，外线运动员身体机能的权重明显大于内线运动员，内线运动员的躯干/核心力量、下肢力量和充实度的权重相对较大，外线运动员下肢爆发力的权重相对较大，说明：共性特征方面，运动素质是影响体能水平的关键二级指标，速度、柔韧性和上肢力量是影响运动素质的关键指标；专位特征方面，躯干/核心力量、下肢力量和充实度是影响内线运动员体能水平的关键指标，下肢爆发力是影响外线运动员体能水平的关键指标。因此，应把力量训练作为U19男子篮球运动员体能训练的主要内容，把提高速度、柔韧和上肢力量作为体能训练的共同目标，对外线运动员安排相对更大的训练负荷；根据不同位置进行个性化的专位体能训练，重点加强外线运动员的下肢爆发力训练，重点加强内线运动员的下肢力量、躯干/核心力量训练，并实现增肌、增重。

本书在确定我国优秀U19男子运动员专位体能的评价指标体系的基础上，分析了内线、外线运动员的专项体能结构特征，最后构建了我国优秀U19男子运动员专位体能结构模型的一般量值模式与理想量值模式。

第四节　我国优秀U19男子篮球运动员专位体能诊断方法的研究

状态诊断是指在运动训练过程中及时、重复和不间断地对运动员竞技能力实际状态进行的检查和评定，目的是为了发展和提高运动员的竞技能力，实现运动员竞技能力由现实状态向特定目标状态转移[1]。为了使运动员的体能水平得到明显的提升，必须经过长期、科学的有效训练，而训练由于受场地、设施、气候、环境，以及运动员的日常生活和情绪反应等多种复杂因素的影响，始终处于动态的变化

---

[1] 田麦久，武福全.运动训练科学化探索［M］.北京：人民体育出版社，1988.

过程，因此需要及时了解和掌握运动员的体能变化情况。通过全面的诊断，能够及时发现训练过程中存在的问题，以便可以立即修正，使运动员能专心致志地投入训练，从而最终实现提高运动员专项体能水平的训练目标。

一、个体态势诊断——雷达分析法

建立体能评价标准可以用得分的方式来评价运动员体能指标的得分情况，但是还无法对其中的优势和弱势进行分析，为此本书使用经济学领域评价常采用的系统态势分析方法——雷达分析法，以我国优秀 U19 男子篮球运动员体能的各单项指标得分为数据资料，进行运动员个体体能态势诊断，确定运动员的专项体能优势与劣势指标。雷达分析首先要建立雷达图，然后再进行指标态势判断。在经济学领域发展态势评价中，雷达图是由三个同心圆构成的，各评价指标被平均分配在与同心圆相交的诸条射线上。雷达图中间的圆代表各指标的标准值，通常取该年度的计划值或同行业平均水平值；外面的大圆半径为中间圆半径的 1.5 倍，作为最好状态的标准（称为最优值），里面的小圆半径为中间圆半径的 0.5 倍，作为最差状态的标准（称为最劣值）。相应每个指标的标准值、最优值、最劣值标定在代表该指标的射线上，雷达图的特点是对各指标态势的判断让人一目了然。

与经济学领域的不同之处在于，本书在采用雷达分析法对每位篮球运动员进行体能各单项指标分析时，各项指标的标准值采用运动员的平均值，而优势值的临界值采用各项指标的平均值加上一个标准差，劣势值的临界值采用各项指标的平均值减去一个标准差。这是依据钟添发、田麦久等学者构建的优秀运动员竞技能力结构模型理论。他们认为："优秀运动员竞技能力各项指标的平均值加减一个标准差反映了他们在该指标的正常状态数据范围。在优秀运动员群体中，如果某名运动员的某项指标数据不在整体平均值的正负 1 倍标准差扩散区以内，我们便可以确定该运动员在这项指标上处于异常状态。异常状态有好、坏之分，指标数据高于整体平均值加上一个标准差的是优势指标，指标数据低于整体平均值减去一个标准差的为劣势指标"[①]。依据前述文献分析，使用 Excel 软件对不同位置的 92 名我国优秀 U19 男子篮球运动员的专位体能三级指标，逐一进行了雷达态势分析，具体方法如下：

---

① 钟添发，田麦久. 运动员竞技能力模型与选材标准［M］. 北京：人民体育出版社，1994.

分别计算每个运动员专位体能三级指标的各项指标得分（指标未加权得分）。

分别计算每个运动员专位体能三级指标的各项指标得分的平均值和标准差。

界定运动员专项体能三级指标的各项指标得分的优势（平均值加标准差）临界值及劣势（平均值减标准差）临界值，以时间为单位的指标的优势临界值取平均值减标准差，计算我国优秀U19男子篮球运动员专位体能三级指标态势雷达分析临界值（表3-59、表3-60）。

表3-59　内线运动员单项体能指标雷达分析临界值

指标	最优值 M＋Std	最劣值 M－Std
臂展	212.0	199.7
克托莱指数	514.6	432.5
1型Yo-Yo间歇恢复测试（最大摄氧量）	55.4	50.0
4米×17次折返跑	62.4	64.1
100千克硬拉	14.4	6.0
原地摸高	58.8	45.2
1RM卧推	103.9	85.2
侧平板支撑	67.5	105.0
5米跑	0.9	1.1
坐位体前屈	19.0	6.6

表3-60　外线运动员体能指标雷达分析临界值

指标	最优值 M＋Std	最劣值 M－Std
身高	199.73	186.35
克托莱指数	452.21	393.58
1型Yo-Yo间歇恢复测试（最大摄氧量）	57.27	51.99
4米×17次折返跑	60.72	62.66
10米运球	1.697	1.717
坐位体前屈	19.46	7.88

续表

指标	最优值 M＋Std	最劣值 M－Std
1RM 卧推	95.77	75.53
100 千克硬拉	10.72	3.54
平板支撑	245.50	103.31
原地摸高	61.22	49.76
3 秒区灵敏	11.58	12.35

按照雷达分析要求，为每一位运动员专项体能三级指标态势建立雷达分析图。（以内线运动员朱××的专项体能三级指标态势雷达分析图为例（图3-4）。

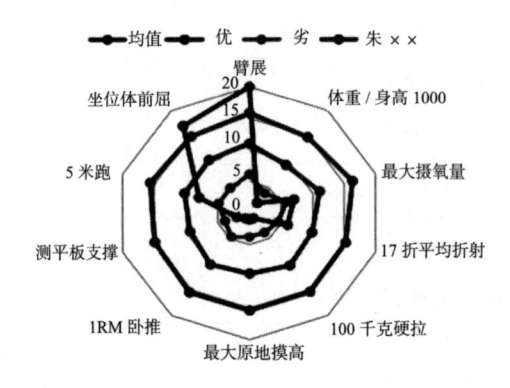

图 3-4　内线运动员朱××专位体能三级指标态势的雷达分析图

按照上述方法，得到我国优秀U19男子篮球运动员专位体能三级指标的优势与劣势指标，通过分析每一名运动员的具体情况就可以实现对运动员体能态势的个体化诊断（表3-61、表3-62）。

表 3-61　内线运动员专位体能优势及劣势指标雷达分析结果

姓名	身高	克托莱指数	4米×17次折返跑	最大摄氧量	原地摸高	100千克硬拉	1RM卧推重量	坐位体前屈	平板支撑	10米运球
朱××	优	劣	劣	劣	劣	劣	劣	优	劣	—
李××	优	—	—	—	—	—	—	—	劣	优

续表

姓名	身高	克托莱指数	4米×17次折返跑	最大摄氧量	原地摸高	100千克硬拉	1RM卧推重量	坐位体前屈	平板支撑	10米运球
梁××	优	—	—	优	优	优	—	—	—	劣
戴××	优	—	优	优	—	优	—	—	—	劣
苏××	优	优	—	—	—	优	—	—	—	优
薛××	优	优	—	—	—	—	优	—	—	优
卢××	—	—	优	优	优	—	—	优	优	优
赵××	—	—	—	优	优	—	—	优	优	优
刘××	—	—	优	—	—	优	—	优	优	—
王××	—	—	优	优	—	优	优	—	—	—
杨××	—	—	—	优	优	—	优	—	—	优
李××	—	—	—	优	—	—	优	—	—	优
杨××	—	优	—	—	—	劣	优	劣	劣	优
赵××	—	优	—	—	—	劣	优	劣	劣	优
牛××	—	—	优	优	—	—	—	—	优	—
孙××	—	—	—	优	优	—	—	—	优	—
齐××	—	—	优	优	优	—	—	—	优	—
王××	—	优	—	—	—	—	—	—	—	优
孙××	—	优	—	—	—	—	—	—	—	优
鲁××	—	—	—	—	优	劣	—	优	—	—
石××	—	—	—	—	优	劣	—	优	—	—
于××	—	—	—	—	—	—	—	—	—	劣
陈××	—	—	—	—	—	—	—	—	—	劣
赵××	—	—	优	优	—	—	劣	优	—	优
丁××	—	—	优	优	—	—	—	优	—	优
郭××	—	—	优	优	—	—	劣	优	—	优
李××	—	—	—	—	—	劣	—	—	—	优
李××	—	—	—	—	—	劣	—	—	—	—
陆××	—	—	—	—	—	—	优	劣	劣	劣
党××	—	—	—	优	优	—	优	劣	劣	劣

续表

姓名	身高	克托莱指数	4米×17次折返跑	最大摄氧量	原地摸高	100千克硬拉	1RM卧推重量	坐位体前屈	平板支撑	10米运球
孙××	—	—	—	—	—	—	优	—	—	优
杨××	—	—	—	—	—	—	优	—	—	优
刘××	—	—	—	—	劣	—	—	劣	劣	劣
陈××	—	—	—	—	—	劣	—	劣	劣	—
魏××	—	劣	—	—	优	劣	劣	—	—	—
韩××	—	优	—	优	劣	劣	—	—	—	优
葛××	—	—	—	—	—	劣	劣	—	—	劣
梁××	—	劣	—	—	劣	劣	劣	—	—	劣

表3-62 外线运动员单项体能优势及劣势指标雷达分析结果

姓名	身高	克托莱指数	原地摸高	100千克硬拉	1RM卧推重量	坐位体前屈	平板支撑	10米运球	4米×17次折返跑	3秒区灵敏	最大摄氧量
刘××	优	—	—	—	—	—	劣	优	—	优	—
于××	优	—	—	—	—	—	劣	优	—	优	—
赵××	优	—	—	优	—	—	—	劣	—	—	优
杨××	优	—	—	优	—	—	—	—	劣	优	—
郑××	优	优	—	优	优	—	—	—	—	—	—
史××	—	优	—	优	优	—	—	—	—	—	—
王××	—	—	优	优	—	优	优	优	优	劣	优
张××	—	—	优	优	—	优	优	优	优	劣	优
巩××	—	—	优	优	—	优	优	优	优	劣	优
刁××	—	—	—	优	优	—	—	—	—	—	—
赵××	—	—	—	优	优	—	—	—	—	优	—
李××	—	—	—	优	—	—	—	—	—	劣	—
于××	—	优	—	劣	—	劣	劣	优	—	—	—
张××	—	优	—	—	—	劣	劣	劣	优	—	—
马××	—	—	优	—	—	—	优	—	优	—	—

第三章　研究结果与分析

续表

姓名	身高	克托莱指数	原地摸高	100千克硬拉	1RM卧推重量	坐位体前屈	平板支撑	10米运球	4米×17次折返跑	3秒区灵敏	最大摄氧量
韩××	—	—	优	—	—	—	优	—	—	优	—
王××	—	—	优	劣	—	—	优	—	优	劣	优
满××	—	优	—	—	—	—	—	优	—	—	—
苏××	—	优	—	—	—	—	—	优	—	优	—
沙××	—	—	优	劣	—	优	—	优	—	—	优
孙××	—	—	—	—	—	优	优	—	—	—	优
王××	—	优	—	—	—	—	—	劣	—	—	—
钱××	—	—	—	—	—	—	—	劣	—	—	—
崔××	—	—	—	劣	—	优	—	—	优	—	优
党××	—	优	—	—	优	优	—	优	—	—	优
王××	—	—	—	—	—	劣	优	—	优	优	劣	优
孙××	—	—	劣	—	—	—	—	优	—	—	—
王××	—	—	劣	—	—	—	—	—	—	劣	—
张××	—	—	—	—	优	劣	劣	劣	—	—	—
韩××	—	—	—	优	—	劣	劣	劣	—	—	—
张××	—	—	—	—	—	—	—	劣	—	—	—
李××	—	—	—	—	优	—	—	优	—	劣	—
胡××	—	—	劣	—	—	劣	劣	—	—	—	—
韩××	—	—	—	—	—	劣	劣	劣	—	—	劣
李××	—	劣	优	劣	劣	—	—	优	—	优	—
张××	—	—	优	劣	—	—	—	优	—	—	—
金××	—	—	—	劣	劣	—	—	—	—	—	—
王××	—	劣	优	劣	劣	—	—	—	—	优	—
白××	—	—	—	优	—	—	—	—	—	优	—
陈××	—	优	优	—	—	—	—	劣	劣	—	—
刘××	—	—	—	—	—	—	优	优	—	—	劣
霍××	—	—	—	—	优	—	—	优	—	劣	—
陈××	—	—	—	—	—	—	优	—	劣	—	—

153

续表

姓名	身高	克托莱指数	原地摸高	100千克硬拉	1RM卧推重量	坐位体前屈	平板支撑	10米运球	4米×17次折返跑	3秒区灵敏	最大摄氧量
余××	—	—	—	—	—	优	—	劣	—	—	—
张××	—	—	—	—	—	—	—	劣	劣	—	劣
郑××	—	—	—	—	—	—	—	劣	劣	优	—
于××	—	劣	—	—	—	—	—	劣	劣	—	—
李××	—	劣	—	—	—	—	—	劣	劣	—	—
纪××	劣	—	—	劣	劣	—	劣	优	—	优	优
陈××	劣	劣	—	劣	劣	劣	劣	优	—	优	优
殷××	劣	劣	—	—	—	劣	劣	—	优	—	优
郭××	劣	劣	—	—	—	劣	劣	—	优	—	优
马××	劣	劣	—	—	—	—	优	劣	—	劣	优
李××	劣	劣	—	—	—	—	优	劣	—	劣	—

二、差距诊断——目标挑战模型法

本书通过目标挑战模型法，对我国优秀U19男子篮球运动员专位体能指标进行了差距诊断。体能目标挑战模型是指构成运动员体能的每个有效指标的运动员整体最优值的集合体，代表我国优秀U19男子篮球运动员群体在专位体能某一方面所能达到的最佳水平，也是一定时间段内的我国U19男子篮球运动员期望通过体能训练达到了期望目标。建立体能目标模型后，我们可以将其目标值和运动员的现实值进行比较，明确运动员目标状态与现实状态的差异。我们用"差距系数"表示运动员的某项体能指标的现状水平和期望水平之间的差距大小，即差距系数=（期望值－现实值）/期望值×100。其中"期望值"为我国优秀U19男子篮球运动员在某项体能指标测试中得到的最好成绩，也是在上文中建立的我国优秀U19男子篮球运动员专项体能评分标准中各单项指标对应最高分的成绩，其中的"现实值"是运动员在某项体能指标测试中得到的实际成绩。利用上述公式可以计算出不同位置我国优秀U19男子篮球运动员的各项体能三级指标与体能目标模式的差距系数（表3-63、表3-64）。

表3-63 内线运动员专位体能三级指标得分差距系数（%）

姓名	臂展	克托莱指数	原地摸高	100千克硬拉	1RM卧推重量	坐位体前屈	侧平板支撑	5米跑	4米×17次折返跑	最大摄氧量
朱××	0	26.48	36.52	93.75	27.27	12.5	49.23	25.57	5.13	11.91
李××	6.52	15.98	9.57	25	18.18	8.33	28.46	31.72	0.00	0
梁××	6.52	18.38	9.57	25	2.27	8.33	28.46	31.72	4.59	5.95
戴××	6.52	19.59	24.88	68.75	15.91	58.33	61.54	20.27	4.90	11.91
苏××	7.83	20.82	12.6	31.25	13.64	12.5	49.23	31.12	3.01	0
薛××	8.7	23.69	20.1	81.25	18.18	66.67	43.85	17.13	4.34	8.93
卢××	8.7	22.89	22.33	50	27.27	66.67	43.85	18.09	4.44	8.93
沈××	9.13	20.45	4.63	50	13.64	37.5	32.31	27.02	5.81	11.91
刘××	9.13	20.45	1.44	50	13.64	37.5	32.31	26.42	5.05	11.91
王××	9.57	1.29	14.83	0	9.09	75	57.69	17.49	4.85	10.91
杨××	10	23.32	26.16	6.25	6.82	83.33	31.54	12.3	5.46	11.91
李××	10	20.87	27.91	0	6.82	83.33	28.46	9.53	6.52	16.99
杨××	12.17	31.96	22.33	81.25	25	33.33	19.23	33.17	4.65	8.93
赵××	10.87	0	35.57	0	4.55	33.33	30.77	16.41	5.68	11.91
牛××	9.13	23.76	24.24	37.5	13.64	33.33	38.46	17.49	7.24	14.39
孙××	9.57	26.23	18.34	68.75	13.64	33.33	38.46	17.49	6.39	14.39
齐××	10.43	18.03	27.75	6.25	13.64	33.33	38.46	17.49	5.84	14.39
王××	11.74	22.57	15.31	50	9.09	41.67	36.92	9.53	6.16	14.39
孙××	11.74	22.57	13.56	81.25	9.09	41.67	44.62	20.39	6.67	14.39
鲁××	10.87	27.63	5.58	50	22.73	29.17	0	26.06	2.15	0
石××	10.87	25.14	6.38	31.25	22.73	37.5	7.69	42.46	1.71	0
于××	12.61	30.13	23.29	43.75	18.18	87.5	37.69	10.13	4.37	8.93
陈××	11.74	25.96	21.21	93.75	18.18	87.5	37.69	9.53	4.14	8.93
赵××	11.74	19.31	21.37	6.25	18.18	87.5	37.69	10.13	4.32	8.93

续表

姓名	臂展	克托莱指数	原地摸高	100千克硬拉	1RM卧推重量	坐位体前屈	侧平板支撑	5米跑	4米×17次折返跑	最大摄氧量
丁××	10.87	25.14	0	68.75	22.73	37.5	7.69	31.36	4.25	8.93
郭××	11.74	20.97	4.15	18.75	22.73	37.5	7.69	31.36	4.45	8.93
李××	10.87	22.63	5.58	18.75	22.73	37.5	7.69	31.36	4.45	8.93
李××	11.3	17.66	13.56	0	0.00	75	57.69	8.93	4.35	10.91
陆××	10.87	22.32	6.06	31.25	20.45	87.5	44.62	19.18	2.33	0
党××	12.17	19.78	4.47	0	22.73	33.33	19.23	32.93	4.14	8.93
孙××	11.74	20.23	35.89	31.25	0	79.17	26.92	16.41	3.87	5.95
杨××	13.48	20.23	38.6	31.25	2.27	79.17	24.62	15.08	4.01	5.95
刘××	12.61	32.11	5.58	68.75	27.27	87.5	44.62	8.69	4.09	8.93
陈××	13.91	17.26	12.6	31.25	18.18	0	30.77	8.20	4.37	5.95
魏××	13.48	17.26	13.56	6.25	0	0	30.77	7.48	4.4	5.95
韩××	11.74	6.17	36.52	6.25	4.55	33.33	35.38	0	4.85	11.91

表3-64 外线运动员专位体能三级指标得分差距系数（%）

姓名	身高	克托莱指数	最大摄氧量	4米×17次折返跑	原地摸高	100千克硬拉	1RM卧推重量	坐位体前屈	平板支撑	10米运球	3秒区灵敏
刘××	0	13.02	10.61	4.98	15.62	46.67	7.5	18.18	77.88	9.1	0.35
于××	0	6.58	11.56	4.88	23.12	33.33	7.5	18.18	79.7	9.1	1.23
赵××	0.49	10.53	2.9	2.72	9.34	6.67	20	22.73	25.76	11.49	6.75
杨××	0.49	8.13	2.9	2.23	19.3	13.33	17.5	9.09	36.67	11.49	2.02
郑××	1.48	4.5	12.05	5.25	11.03	26.67	15	31.82	60.61	6.46	8.06
史××	1.48	5.61	12.05	4.86	11.94	20	15	13.64	63.64	6.46	3.42
王××	2.46	8.54	0	0.27	3.98	0	17.5	13.64	3.64	9.36	8.41

续表

姓名	身高	克托莱指数	最大摄氧量	4米×17次折返跑	原地摸高	100千克硬拉	1RM卧推重量	坐位体前屈	平板支撑	10米运球	3秒区灵敏
张××	2.46	9.9	0.49	0	5.82	13.33	17.5	9.09	0	4.2	0.26
巩××	2.46	8.47	0.49	0.44	14.09	0	17.5	13.64	1.82	4.84	10.69
刁××	2.46	6.17	2.9	2.16	20.21	26.67	5	40.91	28.79	9.1	4.73
赵××	2.46	7.83	2.9	2.4	14.85	20	5	40.91	25.15	8.46	1.31
李××	2.46	4.25	2.9	2.6	21.9	33.33	5	27.27	27.58	5.87	10.69
于××	2.46	5.54	11.56	5.35	10.11	46.67	5	77.27	66.06	0	12.01
张××	2.46	11.75	11.56	4.98	6.74	40	12.5	77.27	72.73	9.1	7.62
马××	2.96	15.72	2.9	2.41	0	60	7.5	22.73	13.03	9.62	4.38
韩××	2.96	16.55	2.9	2.5	0.92	66.67	7.5	27.27	9.7	9.62	1.4
王××	2.96	15.72	8.67	1.87	5.36	40	7.5	18.18	10.91	9.62	9.11
满××	2.96	3.05	8.67	4.84	14.7	40	5	22.73	44.55	2.45	8.06
苏××	2.96	4.63	8.67	4.57	19.45	33.33	7.5	31.82	50.91	1.16	0
沙××	2.96	9.28	12.05	4.73	2.91	80	15	9.09	59.39	7.1	4.91
孙××	2.96	8.23	2.9	5.49	4.51	73.33	15	9.09	63.64	2.65	3.16
王××	3.45	6.79	11.56	5.2	17.76	60	7.5	31.82	40	26.79	3.77
钱××	3.45	7.42	11.56	4.68	17	66.67	7.5	4.55	50	26.79	3.24
崔××	3.94	16.96	2.9	1.7	20.83	80	20	9.09	54.55	7.75	8.15
党××	3.94	15.92	0.49	2.18	21.9	73.33	25	22.73	54.55	8.26	3.68
王××	3.94	16.96	0.49	2.19	14.7	60	30	9.09	54.55	8.39	9.11
孙××	3.94	12.6	11.56	5.28	24.35	60	15	22.73	54.24	0.26	2.98
王××	3.94	15.92	11.56	5.25	25.42	53.33	15	18.18	47.27	9.62	10.69

续表

姓名	身高	克托莱指数	最大摄氧量	4米×17次折返跑	原地摸高	100千克硬拉	1RM卧推重量	坐位体前屈	平板支撑	10米运球	3秒区灵敏
张××	4.93	6.37	4.82	3.51	9.34	66.67	0	90.91	70.3	18.85	11.92
韩××	4.93	6.37	4.82	3.38	9.34	60	10	72.73	72.73	18.59	8.06
张××	4.93	8.66	8.67	4.47	19.45	53.33	0	45.45	54.24	6.58	6.57
李××	4.93	10.73	8.67	4.71	19.45	46.67	5	45.45	50	7.55	9.11
胡××	4.93	12.81	11.56	4.49	30.63	60	20	81.82	72.73	18.46	7.71
韩××	4.93	13.64	11.56	4.39	30.63	60	10	100	71.21	18.63	7.71
李××	5.91	18.41	10.61	4.93	3.98	66.67	22.5	13.64	59.7	5.55	0
张××	5.91	5.34	11.56	4.98	24.35	66.67	22.5	45.45	60.3	7.1	3.07
金××	5.91	13.02	11.56	5	25.73	46.67	15	13.64	50	11.49	2.45
王××	5.91	13.02	12.05	4.62	3.98	53.33	30	31.82	59.7	12.01	0
白××	5.91	7.62	0.49	5.27	5.05	53.33	15	59.09	49.39	4.45	0.7
陈××	5.91	0	8.67	5.76	6.28	60	17.5	63.64	43.64	23.18	1.93
刘××	6.4	10.32	8.67	4.49	14.09	20	25	40.91	9.7	4.97	4.91
霍××	6.4	12.6	2.9	4.83	11.94	33.33	20	40.91	52.73	4.97	10.69
陈××	6.4	14.68	11.56	4.54	10.57	60	17.5	0	54.85	23.18	4.91
余××	6.4	13.64	0.49	5.15	8.58	53.33	15	9.09	56.06	23.18	3.42
张××	7.39	12.81	2.9	6.72	19.3	66.67	22.5	22.73	42.42	10.78	6.84
郑××	7.39	11.56	8.67	7.32	22.21	60	17.5	40.91	45.45	14.01	0.96
于××	7.39	19.45	0.49	6.82	23.12	80	17.5	31.82	43.64	13.56	3.42
李××	7.39	20.49	4.82	6.75	21.44	66.67	20	9.09	45.45	14.72	4.38
纪××	10.84	16.34	10.61	5	14.7	93.33	27.5	86.36	68.18	0.06	0.35

续表

姓名	身高	克托莱指数	最大摄氧量	4米×17次折返跑	原地摸高	100千克硬拉	1RM卧推重量	坐位体前屈	平板支撑	10米运球	3秒区灵敏
陈××	10.84	21.94	2.9	4.47	17	66.67	25	9.09	68.18	6.52	1.23
殷××	11.82	21.11	0.49	4.54	17.61	73.33	25	72.73	36.36	13.11	2.28
郭××	11.82	23.4	8.67	4.42	19.45	73.33	25	68.18	42.12	8.59	4.21
马××	13.79	25.26	4.82	2.62	22.36	80	30	31.82	42.42	10.97	7.89
李××	14.78	26.72	2.9	3.24	23.89	73.33	30	13.64	18.18	10.85	7.1

从表中可以看出每一名运动员个体的专位体能三级指标的现实值与目标模型中的期望值的差距。不同位置运动员在其专位体能指标的差距方面存在明显的差异。在内线运动员之间，4米×17次折返跑、1型Yo-Yo间歇恢复测试（最大摄氧量）、臂展的差距系数均值和标准差均较小，说明内线运动员之间的身高、无氧工作能力和有氧工作能力的差距较小；克托莱指数、原地摸高、1RM卧推、5米跑的差距系数的均值和标准差均在10~20之间，说明内线运动员之间的充实度、下肢爆发力、速度存在一定差距；100千克硬拉、坐位体前屈、平板支撑的差距系数的均值和标准差都较大，说明内线运动员之间的下肢力量、柔韧性和躯干（核心）力量存在较大差距，因此下肢力量、柔韧性和躯干（核心）力量是内线运动员的训练重点。

表3-65 内线运动员专位体能指标的差距系数的描述统计

	臂展	克托莱指数	原地摸高	100千克硬拉	1RM卧推重量	坐位体前屈	侧平板支撑	5米跑	4米×17次折返跑	最大摄氧量
最大值	14.78	32.11	38.6	93.72	27.27	95.83	61.54	42.46	7.24	16.99
均值	10.52	20.42	17.06	37	14.47	45.07	31.6	20.5	4.60	9.23
标准差	2.64	6.81	10.73	27.05	7.58	26.23	14.89	10.06	1.41	4.54

在外线运动员之间，身高、4米×17次折返跑、1型Yo-Yo间歇恢复测试（最大摄氧量）、3秒区灵敏的差距系数的均值都在5左右，而这4个指标的差距

系数的标准差均小于 5，说明外线运动员在身高、无氧工作能力和灵敏素质方面的个体间差距很小。其中 1 型 Yo-Yo 间歇恢复测试（最大摄氧量）的差距系数的均值和标准差仅为 4.12 和 1.62，说明外线运动员之间的有氧能力差异极小；原地摸高、1RM 卧推重量、10 米运球的差距系数均值分为 15.04、15.51、10.13，且标准差均小于 8，说明外线运动员之间的下肢的爆发力、上肢力量和速度存在一定差距，但是差距不大；100 千克硬拉、坐位体前屈、平板支撑的差距系数的均值都超过 30，且标准差均超过 20，说明外线运动员之间的下肢力量、柔韧和躯干（核心）力量存在很大的差距，因此下肢力量、柔韧和躯干（核心）力量是外线运动员的训练重点。

表 3-66　外线运动员专位体能指标的差距系数的描述统计

	身高	克托莱指数	原地摸高	4 米×17 次折返跑	最大摄氧量	100 千克硬拉	1RM 卧推重量	坐位体前屈	平板支撑	10 米运球	3 秒区灵敏
最大值	14.78	26.72	30.63	12.05	7.32	93.33	30.00	90.91	79.70	26.79	12.01
均值	4.91	11.91	15.04	6.62	4.12	51.23	15.51	33.59	46.61	10.13	5.04
标准差	3.27	5.86	7.72	4.38	1.62	22.03	7.98	25.33	20.41	6.39	3.49

从整体上看，同一位置的运动员之间的身体机能距离期望值较小，而运动素质距离期望值相对较大，说明当前我国优秀 U19 男子篮球运动员身体机能方面处在一个较为稳定水平，但是身体素质的差距较大，特别是下肢力量、躯干（核心）力量和柔韧方面。我国青少年篮球员运动员存在的"下肢损伤较多"和"核心稳定力量不足"的体能问题和短板，平板支撑和硬拉等指标的入选以及最终的诊断结果都印证了这个现实问题。因此，下肢力量、躯干（核心）力量和柔韧是区分 U19 年龄段运动员体能水平的关键指标，并且需要 U19 及以下年龄段的教练员重视下肢力量、躯干（核心）力量和柔韧素质训练。

本书使用了雷达分析法和目标模型挑战法，对我国优秀 U19 男子篮球运动员专位体能水平进行了个体态势诊断和差距诊断。

本书通过计算，得出了我国优秀 U19 男子篮球运动员专位体能三级指标的个体体能态势，使教练员认识运动员的各项体能指标在当前年龄段的运动员群体中的水平，使运动员能够客观地了解自己的优势和不足。

本书建立了我国优秀 U19 男子篮球运动员专位体能三级指标的目标挑战模型，对每名运动员进行了体能差距诊断，并通过计算得出了运动员个体体能的现实值与同年龄段运动员体能的期望值（最佳值）的差距系数，使运动员更加明确自己与同年龄段优秀运动员在各项专位体能三级指标上的具体差距。

本书对我国优秀 U19 男子篮球运动员个体专位体能三级指标进行了差距诊断，发现同一位置的运动员之间的身体机能距离期望值较小，而运动素质距离期望值相对较大，特别是下肢力量、躯干（核心）力量和柔韧性方面，因此认为下肢力量、躯干（核心）力量和柔韧可能是区分 U19 年龄段运动员体能水平的关键指标，教练员应在训练实践中加强 U19 及以下年龄段篮球运动员的下肢力量、躯干（核心）力量和柔韧素质训练。

第四章　结论与建议

篮球运动是一项高强度、要领复杂的运动，运动员的体能素质在运动能力中所起到的作用非常重要。体能特征和评估的科学化，直接关系到教练员体能训练的效果。本章为结论与建议。

第一节　结论

篮球项目的特征和发展趋势决定了篮球运动员的体能训练需要以提高有氧、无氧工作能力，强化力量、速度、灵敏、耐力素质和预防下肢损伤为主要目标，而内线运动员和外线运动员的技战术特点与比赛中承受的负荷明显不同。因此，与传统的位置分类方式相比，使用"内线、外线"分类方式便于区分不同位置运动员的负荷、技战术特点和体能特征，从而实施符合运动员专位体能需求的训练。

我国优秀 U19 男子篮球运动员体能特征主要表现为：前 8 名组运动员各项体能指标均好于后 8 名组运动员，前 8 名组的内线运动员的有氧、无氧能力和上、下肢力量明显好于后 8 名组的内线运动员。内线运动员和外线运动员具有明显不同的形态和机能特征，具体表现在长度、充实度和有氧、无氧能力指标上。内线运动员具有上、下肢力量强的特征，外线运动员具有下肢爆发力、核心稳定力量、速度和灵敏素质好的特征。与同龄、近似年龄的国外优秀运动员相比，我国优秀 U19 男子篮球运动员的体能短板主要表现在充实度、有氧能力、上肢力量和耐力指标上。教练员应根据以上专位体能特征和存在的问题进行有针对性的训练。

本书构建了由"评价指标、指标权重和评价标准"组成的我国优秀 U19 男子篮球运动员专位体能评价体系，确定了内线运动员专位体能评价指标 10 项，外线运动员专位体能评价指标11项；通过因子分析和归一化处理确定评价指标的权重；根据体育测量与评价原理建立了不同位置运动员的评分评价标准和等级评价标准，评分标准经回代检验显示能够很好地反映我国U19优秀男子篮球运动员的体能水平。在此基础上我们发现：共性特征方面，运动素质是影响体能水平的关键二级指标，速度、柔韧性和上肢力量是影响运动素质的关键指标；专位特征方面，躯干（核心）力量、下肢力量和充实度是影响内线运动员体能水平的关键指标，下肢爆发力是影响外线运动员体能水平的关键指标。教练员应根据不同位置篮球运动员体能方面的共性特征和专位特征进行体能训练和评估。

以92名我国优秀U19男子篮球运动员体能评价指标数据建立了专位体能三级指标的优、劣势临界值和目标挑战模型，并且进行了个体态势诊断和差距诊断，结果表明：同一位置的我国优秀U19男子篮球运动员之间的身体形态和身体机能指标距离期望值的差距较小，而运动素质指标距离期望值的差距相对较大，运动素质指标的差距主要表现在下肢力量、躯干（核心）力量和柔韧性方面，较好地反映了运动员现实体能水平和存在的问题，说明我国优秀U19男子篮球运动员专位体能模型具备科学性和准确性。教练员应该在体能训练实践中加强下肢力量、躯干（核心）力量和柔韧素质的训练。

第二节 建议

本书根据篮球项目特征、发展趋势和优秀男子篮球运动员体能特征，筛选指标并且测试，构建了我国优秀U19男子篮球运动员专位体能评价体系。然而，事物的发展规律的呈现过程和形式并不是简单的线性形式、因果关系，而是必然性、偶然和复杂性共同作用得出的结果。我们对篮球运动专位体能的认识过程也是如此，并且还存在一定的局限性。因此，本书在研究过程的细节上还存在一些需要改进的地方，建议重点从以下两个方面加以完善：

运动训练学的基本理论揭示了运动员体能在很大程度上受竞赛规则、技战术影响，随着篮球运动的发展，篮球规则和技战术也将不断调整、改进和变化，因此相应的体能评价体系也要随之进行修正和完善。

本书是以优秀U19男子篮球运动员为研究对象，优秀运动员属于少数群体，通常以运动等级、参赛资格、比赛成绩作为判断的标准。与个人项目的优秀运动员相比，集体项目运动员的运动等级、参赛资格和比赛成绩需要以团队的形式获得，尽管运动等级相同、同样参加高水平的比赛或取得同样的名次，但同队的不同运动员之间、不同队运动员之间对比赛的贡献不同。因此，获得的数据存在一定的偶然性等问题，评价标准的普遍性还可以通过增加样本和细化准入标准得到进一步提升。因此，未来应不断扩充测试样本，优化评价指标，从"主力、替补""攻防技术统计数据好坏""上场时间长短"等方面进行准入标准的细化，从而进一步减少测试数据的存在偶然性等问题，完善评价标准，优化"优秀U19男子篮球运动员"的界定标准和我国优秀U19男子篮球运动员专位体能评价体系。

参考文献

[1] 马佩.马克思的逻辑哲学探析[M].开封：河南人学出版社，1992：12.

[2] 田麦久，运动训练学[M].北京：北京人民体育出版社，2000.

[3] 田麦久，刘大庆.运动训练学[M].北京：人民体育出版社，2012.

[4] 中国体育科学学会，香港体育学院体育运动词典[M].北京：北京高等教育出版社，2000，12：265

[5] 李志诚.教练员训练指南[M].北京：北京人民体育出版社，1992：333.

[6] 田麦久，董国珍，徐本力，等.体育院校通用教材，运动训练学[M].北京：北京人民体育出版社，1999：184-190.

[7] 刘先捍.素质教育评价初探[M].长沙：湖南教育出版社，2000.

[8] 袁尽洲，黄海.体育测量与评价[M].北京：北京体育大学出版社，2011.

[9] 于振峰.篮球体育系普修[M].北京：北京体育大学出版社，2007.

[10] 王守恒.篮球之探[M].北京：北京体育大学出版社，2016.

[11] 田麦久.运动训练学第二版[M].北京：高等教育出版社出版社，2017.

[12] 孙民治.篮球运动高级教程[M].北京：人民体育出版社，2000.

[13] 王梅珍，冷纪岚.篮球基本技术[M].北京：人民体育出版社，1999.

[14] 比尔·弗兰，罗宾·庞德.篮球体能训练[M].张莉清，译.北京：人民体育出版社，2009.

[15] 祁国鹰，张路，黄凤娟，等.体育统计应用案例[M].北京：北京体育大学出版社，2005.

[16] 张力为.体育科学研究方法[M].北京：高等教育出版社，2002.

[17] 邢文华.体育测量与评价[M].北京：北京体育学院出版社，1985.

[18] 田麦久.负荷原则与训练过程[M].西宁：青海省体育运动委员会，1986.

[19] 田麦久，武福全.运动训练科学化探索[M].北京：人民体育出版社，1988.

[20] 钟添发，田麦久.运动员竞技能力模型与选材标准[M].北京：人民体育出版社，1994.

[21] BUDGETCHELL，Physical Fitness[M].Macmillan Publishing Company，1990.

[22] KARPOVICH PV.Physiology of Muscular Activity[M].Saunders，1959.

[23] FLEISHMAN EA.The structure and measurement of physical fitness[M].Prentice-Hall.1964.

[24] CLARKE H H.Application of Measurement to Health and Physical Education.Fifth Edition.[M].Prentice-Hall，1959.

[25] FORAN B.High performance sports conditioning[M].Human Kinetics，2001：26.

[26] GAMBLE P.Strength and Conditioning for Team Sports[M].Routledge，2012.

[27] LLOYD R S，OLIVER J L.Strength and Conditioning for Young Athletes：Science and Application[M].Routledge，2014.

[28] TANNER R K，GORE C J.Physiological Tests for Elite Athletes[M].Human Kinetics，2013.

[29] WISSE H.Basketball steps to success[M].second edition.USA：Human Kinetics，2004.

[30] KRAUSE V，MEYER W，MEYER J.Basketball skills and drills[M].second edition.USA：Human Kinetics，1999.

[31] FOX R.Basketball-The complete handbook of individual skills[M].first edition.USA：Prentice all，1988.

[32] SANTANA J C.Functional Training[M].USA：Human Kinetics，2015.

[33] BOYLE M.New Functional Training for Sports 2nd Edition[M].USA：Human Kinetics，2015.

[34] BRIAN C.Basketball Anatomy[M].USA：Human Kinetics，2015.

[35] KISNER C.Therapeutic Exercise：Foundations and Techniques，6th Edition[M]. USA：Human Kinetics，2012.

[36] COOK G.Movement：Functional Movement Systems，Screening，Assessment，Corrective Strategies[M].USA：Human Kinetics，2011.

[37] 叶鹏, 谭鹏 . 对我国篮球运动体能训练的探讨 [J]. 山东体育学院学报, 2008,（11）：75-77.

[38] 练碧贞, 陈金英, 李占平 .CBA 运动员力量训练安排的研究 [J]. 北京体育大学学报, 2009, 32（3）：105-106.

[39] 王守恒, 都娟, 宫鲁鸣, 等 . 我国篮球项目竞技体育后备人才培养发展的战略思考 [J]. 首都体育学院学报, 2013, 25（6）：527-535.

[40] 练碧贞, 陈金英, 李占平 .CBA 运动员力量训练安排的研究 [J]. 北京体育大学学报, 2009, 32（3）：105-106.

[41] 王雷, 姚应祥 .NBA"位置模糊"球员年龄与身体形态特征分析 [J]. 体育学刊, 2008,（9）：93-96.

[42] 赵志英 . 对"体能"的探析 [J]. 北京体育师范学院学报 .1999, 11（1）：44-46.

[43] 翁玉泉, 徐光辉, 邱丕相, 等 . 影响武术运动员成绩的某些体能因素的研究 [J]. 体育与科学 .1987,（2）：28-30.

[44] 厉丽玉 . 略论体能及其训练 [J]. 福建体育科技, 1997,（1）：40-44.

[45] 熊斗寅 . 浅析"体能"概念 [J]. 解放军体育学院学报 .2000（1）：1-3.

[46] 王兴, 司虎克 . 体能训练理论与实践科学化探索 [J]. 中国体育教练员, 2003,（1）：8-10.

[47] 杨世勇 . 现代体能训练研究现状及发展趋势 [J]. 贵州体育科技, 2002,（1）：41-42.

[48] 王保成, 匡鲁彬, 谭朕斌 . 篮球运动员体能训练的评价指标与指标体系的研究 [J]. 中国体育科技, 2002,（2）：4-5, 9.

[49] 闫子龙, 林建棣 ."体能"辨析 [J]. 海体育学院学报, 2003,（6）：11-13.

[50] 陈颇 .2006-2007 赛季 NBA 运动员年龄、球龄与身体形态特征分析 [J]. 中国体育科技, 2007, 43（4）: 88-94.

[51] 马冀平 . 短期高强度训练对优秀篮球运动员有氧耐力的影响 [J]. 体育学刊, 2002, 9（1）: 40-41.

[52] 冯利正, 潘巍 . 中美篮球体能训练比较研究 [J]. 中国体育教练员, 2007,（2）: 34-36.

[53] 王守恒, 曾凡量 . 少年篮球运动员身体机能和素质变化的研究 [J]. 体育科学, 2000, 20（1）: 36-39.

[54] 张伟东, 熊正英, 李振斌 . 运动训练对优秀男子篮球运动员生理、生化指标影响的研究 [J]. 体育科学研究, 2005, 9（1）: 86-90.

[55] 谭朕斌, 王保成, 黄黎 . 篮球运动员体能训练的理论与方法及评价指标体系的研究 [J]. 北京体育大学学报, 2004, 27（8）: 1128-1131.

[56] 徐建华, 程丽平, 王家宏 . 国内篮球运动员无氧耐力测试方法的不足——忽视篮球运动专项特征 [J]. 天津体育学院学报, 2011, 26（4）: 351-355.

[57] 张守伟, 姜立嘉, 周殿学, 等 . 我国大学生男子篮球运动员专项身体素质的构成因子分析 [J]. 成都体育学院学报, 2012, 38（10）: 50-54.

[58] 王拱彪 . 中国和欧美女排优秀接应二传队员的专位竞技研究——以第 30 届奥运会为例 [J]. 体育研究与教育, 2014, 29（4）: 104-106, 113.

[59] 黄依柱 . 我国高水平女排运动员专位特征研究 [J]. 长沙大学学报, 2010, 24（2）: 105-107.

[60] 黄滨, 鲍计国 . 从时空的视角谈篮球运动 [J]. 体育学刊, 2008, 15（2）: 86-88.

[61] 苑廷刚, 洪平, 胡水清, 等 .CBA 优秀运动员比赛跑动特征的初步研究 [J]. 中国体育科技, 2007,（04）: 82-87.

[62] 李杰凯 . 论篮球教学训练中技术概念界定及其分类的理论误区 [J]. 体育科学, 2008,（1）: 82-88.

[63] 王晓东, 叶伟, 王建国, 等 . 对现行篮球技术分类体系及划分标准的思考 [J]. 北京体育大学学报, 2005, 28（2）: 268-269.

[64] 滕朝阳，谢蓉，杨利春.论现代篮球移动技术的运用[J].成都体育学院学报，1999，（3）：47-50.

[65] 王金连，徐春林.篮球变向运球突破组合技术的动作方法及其技术分析[J].汉体育学院学报，2002，36（5）

[66] 李宁，马潇曼.对不同竞技水平篮球比赛投篮方式的研究[J].广州体育学院学报，2017，37（05）：98-100.

[67] 杨宗青，米靖，刘卉.篮球投篮的运动特征研究进展[J].体育科学，2016，36（1）：79-90.

[68] 李小英.投篮技术的演变与篮球运动的发展[J].体育文化导刊，2007，（11）：56-57.

[69] 谢庆芝 黄南洁.论NBA投篮技术特征及其对我国篮球技术发展的影响力[J].南昌大学学报：人文社会科学版，2006，37（5）：134-137.

[70] 王全章，张勇.试论篮球比赛的中枢神经——传球[J].西安体育学院学报，2004（S1）：75-76.

[71] 张彤.浅论篮球传接球[J].成都体育学院学报，1995，（S2）：24-26.

[72] 马金凤，师永斌.中美篮球著作中接球技术分析的比较[J].首都体育学院学报，2014，26（01）：52-57.

[73] 向惠农.现代篮球战术的内涵概述[J].武汉体育学院学报，1999，（4）：64-66.

[74] 郑尚武.论篮球进攻战术系统的若干理论问题[J].北京体育大学学报，2003，（2）：282-284

[75] 徐校飞，李杰凯，许滨.中美篮球进攻战术体系研究[J].沈阳体育学院学报，2016，35（6）：81-85.

[76] 阮永福，郭永波，李强.现代篮球"跑轰"战术特征及应用的研究[J].西安体育学院学报，2011，28（6）：729-734.

[77] 殷学锋，常燕，郑师超.篮球运动中常见损伤的防治方法[J].武汉体育学院学报，2002，（3）：53-54.

[78] 程冬美."大超联赛"比赛中运动员心率及相关生理指标特征研究[J].中国

学校体育（高等教育），2014，1（11）：84-89.

[79] 代毅，柯遵渝，霍红，等.优秀少年男篮运动员身体形态、机能特征研究[J].成都体育学院学报，2000，（2）：83-85.

[80] 柯遵渝，代毅，张培峰，等.我国优秀少年女篮集训队员形态、机能和素质特征分析[J].成都体育学院学报，2003，（4）：93-96.

[81] 牛健壮，李凌.CUBA男子篮球运动员身体素质测试结果分析[J].西安体育学院学报，2008，25（6）：100-102.

[82] 杨雪清，程亮.篮球运动员躯干和下肢等速肌力分析[J].中国组织工程研究，2018，22（12）：1835-1840.

[83] 赵雯.优秀青年女篮体能水平评价指标及量化评价模型的研究[J].广州体育学院学报，2014，34（4）：62-65.

[84] 曹景伟.中国优秀女子赛艇公开级运动员体能诊断的方法学研究[J].中国体育科技，1999，（9）：2-9.

[85] 韩夫苓，吴瑛.我国48 kg级优秀女子自由式摔跤运动员专项体能评价体系的构建[J].上海体育学院学报，2010，34（4）：78-82.

[86] 刘学毅.德尔菲法在交叉学科研究评价中的应用[J].西南交通大学学报，2007，8（2）：21-25.

[87] 林琳，曹景伟，曹莉，等.论体能类项目优秀运动员体能模型的理论架构[J].广州体育学院学报，2001，21（1）：78-81.

[88] GOCENTAS A，JASCANINIENE N，STANISLAW P，et al.Position-related differences in cardiorespiratory functional capacity of elite basketball players[J].Journal of Human Kinetics，2011，30（1）：145-152.

[89] DARLING RC，EICHNA LW.Physical Fitness；Report of The Subcommittee of the Baruch Committee on Physical Medicine[J].Journal of the American Medical Association，1948，136（11）：764-767.

[90] CASPERSEN C J，POWELL K E，CHRISTENSON G M.Physical activity，exercise and physical fitness：Definitions and distinctions for health-related research[J].Public Health Reports，1984，100（2）：126-131.

[91] PATE RR.The evolving definition of physical fitness[J].1988, 40 (3): 174-179.

[92] CORBIN C B, PANGRAZ R P, FRANKS B D.Definitions: health, fitness, and physical activity[J].Presidents Council on Physical Fitness and Sports Research Digest, 2000: 11.

[93] POJSKIC H, SEPAROVIC V, MURATOVIC M, et al.Morphological differences of elite Bosnian basketball players according to team position[J]. International Journal of Morphology, 2014, 32 (2): 690-694.

[94] KÜKLÜ Y, ALEMDAROĞLU U, KOAK FÜ, et al.Comparison of chosen physical fitness characteristics of Turkish professional basketball players by division and playing position[J].Journal of Human Kinetics, 2011, 30 (1): 99-106.

[95] ALEJANDRO V, SANTIAGO S, GERARDO VJ, et al.Anthropometric characteristics of Spanish professional basketball players[J].Journal of Human Kinetics, 2015, 46 (1): 99-106.

[96] PEHAR M, SEKULIC D, SISIC N, et al.Evaluation of different jumping tests in defining position-specific and performance-level differences in high level basketball players[J].Biology of Sport, 2017, 34 (3): 263-272.

[97] FOX J L, STANTON R, SCANLAN A T.A comparison of training and competition demands in semiprofessional male basketball players[J].Research Quarterly for Exercise and Sport, 2018, 89 (1): 103-111.

[98] BERKELMANS D M, DALBO V J, KEAN C O, et al.Heart rate monitoring in basketball: applications, player responses, and practical recommendations[J]. Journal of Strength and Conditioning Research, 2018, 32 (8): 2383-2399.

[99] SPORIŠ G, NAGLIĆ V, MILANOVIĆ L, et al.Fitness profile of young elite basketball players (cadets) [J].Acta Kinesiologica, 2010, 4 (2): 62-68.

[100] YUKSEL M F.Exa 分钟 ing some physical parameters of elite basketball players

playing in different leagues[J].Turkish Journal of Sports and Exercise, 2017, 19（3）：380-384.

[101] FORT-VANMEERHAEGHE A，MONTALVO A，LATINJAK A，et al.Physical characteristics of elite adolescent female basketball players and their relationship to match performance[J].Journal of Human Kinetics,2016,53（1）: 167-178.

[102] SIMONEK J，HORICKA P，HIANIK J.The relationship between speed factors and agility in sport games[J].Journal of Human Sport and Exercise,2014,9（1）: 49-58.

[103] WEN N，DALBO V J，BURGOS B，et al.Power Testing in Basketball: Current Practice and Future Recommendations[J].Journal of Strength and Conditioning Research, 2018, 32（9）：2677-2691.

[104] IVAN B，DAG J，SEABRA ANDRÉ，et al.Position specific player load during match-play in a professional football club[J].PLOS ONE, 2018, 13（5）: 98-115.

[105] JONES RN，GREIG M，MAWÉNÉ Y，et al.The influence of short-term fixture congestion on position specific match running performance and external loading patterns in English professional soccer.[J].Journal of Sports Sciences, 2019.37（12）：1338-1346.

[106] CORMERY B，MARCIL M，BOUVARD M.Rule change incidence on physiological characteristics of elite basketball players：a 10-year-period investigation[J].British Journal of Sports Medicine, 2008, 42（1）：25-30.

[107] CRISAFULLI A，MELIS F，TOCCO F，et al.External mechanical work versus oxidative energy consumption ratio during a basketball field test[J]. Journal of Sports Medicine and Physical Fitness, 2002, 42（4）：409-417.

[108] MCINNES S E，CARLSON J S，JONES C J，et al.The physiological load imposed on basketball players during competition[J].Journal of Sports Sciences, 1995, 13（5）：387-397.

[109] ABDELKRIM N B, FAZAA S E, ATI J E, et al.Time-motion analysis and physiological data of elite under-19-year-old basketball players during competition[J].British Journal of Sports Medicine, 2007, 41（2）: 69-75.

[110] DELEXTRAT A, BADIELLA A, SAAVEDRA V, et al.Match activity demands of elite Spanish female basketball players by playing position[J]. International Journal of Performance Analysis in Sport, 2015, 15（2）: 687-703（17）.

[111] STOJANOVI E, STOJILJKOVI N, SCANLAN A T, et al.The activity demands

[112] and physiological responses encountered during basketball match-play: a systematic review[J].Sports Medicine, 2018, 48（1）: 111-135.

[113] SCANLAN A T, DASCOMBE B J, REABURN P, et al.The physiological and activity demands experienced by Australian female basketball players during competition[J].Journal of Science and Medicine in Sport, 2012, 15（4）: 341-347.

[114] HULKA K, CUBEREK R, BEˇLKA J.Heart rate and time–motion analyses in top junior players during basketball matches[J].Acta Universitatis Palackianae Olomucensis Facultatis Medicae.2013, 43（3）: 27–35.

[115] OBA W, OKUDA T.A cross-sectional comparative study of movement distances and speed of the players and a ball in basketball game[J].International Journal of Sport Health Science.2008,（6）: 203–212.

[116] SCANLAN A, DASCOMBE B, REABURN P.A comparison of the activity demands of elite and sub-elite Australian men's basketball competition[J]. Journal of Sports Sciences.2011, 29（11）: 1153–1160.

[117] RODRIGUEZ-ALONSO M, FERNANDEZ-GARCIA B, PEREZ-LANDALUCE J, et al.Blood lactate and heart rate during national and international women's basketball[J].Journal of Sports Medicine and Physical Fitness, 2003, 43（4）: 432-436.

[118] KLUSEMANN M J, PYNE D B, HOPKINS W G, et al.Activity profiles and demands of seasonal and tournament basketball competition[J]International Journal of Sports Physiology and Performance, 2013（8）: 623–629.

[119] SCANLAN A T, TUCKER P S, DASCOMBE B J, et al.Fluctuations in activity demands across game quarters in professional and semiprofessional male basketball[J].Journal of Strength and Conditioning Research, 2015, 29（11）: 3006-3015.

[120] CRISAFULLI A, MELIS F, TOCCO F, et al.External mechanical work versus oxidative energy consumption ratio during a basketball field test[J].Journal of Sports Medicine and Physical Fitness, 2002, 42（4）: 409-417.

[121] BOROWSKI L A, YARD E, FIELDS K, Comstock R D.The epidemiology of US high school basketball injuries, 2005-2007[J].The American Journal of Sports Medicine, 2008, 36（12）: 2328-2335.

[122] AGEL J, OLSON D E, DICK R, et al.Descriptive epidemiology of collegiate women's basketball injuries: National Collegiate Athletic Association Injury Surveillance System, 1988-1989 through 2003-2004[J].Journal of athletic training, 2007, 42（2）: 202-210.

[123] DEITCH J R, STARKEY C, WALTERS S L, MOSELEY J B.Injury risk in professional basketball players: a comparison of Women's National Basketball Association and National Basketball Association athletes[J].American Journal of Sports Medicine, 2006, 34（7）: 1077-1083.

[124] MCCARTHY M M, VOOS J E, NGUYEN J T, et al.Injury profile in elite female basketball athletes at the Women's National Basketball Association Combine[J].The American Journal of Sports Medicine, 2013, 41（3）: 645-651.

[125] NEWMAN J S, NEWBERG A H.Basketball Injuries[J].Radiologic Clinics of North America, 2010, 48（6）: 1095-1111.

[126] TROJIAN T H, CRACCO A, Hall M, et al.Basketball injuries: caring for

a basketball team[J].Current Sports Medicine Reports, 2013, 12 (5): 321-328.

[127] BOONE J, BOURGOIS J.Morphological and Physiological Profile of elite basketball players in the Belgian competition[J].International Journal of Sports Physiology and Performance, 2013, 8 (6): 630-638.

[128] SALLET P, PERRIER D, FERRET J M, et al.Physiological differences in professional basketball players as a function of playing position and level of play[J].Journal of Sports Medicine and Physical Fitness, 2005, 45 (3): 291-294.

[129] GOCENTAS A, JASCANINIENE N, STANISLAW POPRZĘCKI, et al.Position-Related Differences in Cardiorespiratory Functional Capacity of Elite Basketball Players[J].Journal of Human Kinetics, 2011, 30 (1): 145-152.

[130] OSTOJIC S M, MAZIC S, DIKIC N.Profling in basketball: physical and physiological characteristics of elite players[J].Journal of Strength and Conditioning Research, 2006, 20 (4): 740-744.

[131] ABDELKRIM N B, CHAOUACHI A, CHAMARI K, et al.Positional role and competitive-level differences in elite-level men's basketball players[J]. Journal of Strength and Conditioning Research, 2010, 24 (5): 1346-1355.

[132] GARCIA-GIL M, TORRES-UNDA J, ESAIN I, ET AL.Anthropometric parameters, age, and agility as performance predictors in elite female basketball players[J].Journal of Strength and Conditioning Research, 2018, 32 (6): 1723-1730.

[133] PAUL G M, DAVID B P, CLARE L M.The physical and physiological demands of basketball training and competition[J].International Journal of Sports Physiology and Performance, 2010, 5 (1): 75-86.

[134] FERIOLI D, RAMPININI E, BOSIO A, et al.The physical profile of adult male basketball players: Differences between competitive levels and playing positions[J].Journal of Sports Sciences, 2018, 36 (22): 2567-2574.

[135] CASTAGNA C, CHAOUACHI A, RAMPININI E, et al.Aerobic and explosive power performance of elite Italian regional-level basketball players[J]. Journal of Strength and Conditioning Research, 2009, 23（7）: 1982-1987.

[136] STOJANOVIC M D, OSTOJIC S M, CALLEJA-GONZÁLEZ J, et al.Correlation between explosive strength, aerobic power and repeated sprint ability in elite basketball players[J].Journal of Sports Medicine and Physical Fitness, 2012, 52（4）: 375-381.

[137] NARAZAKI K, BERG K, STERGIOU N, ET AL.PHYSIOLOGICAL DEMANDS OF COMPETITIVE BASKETBALL[J].SCANDINAVIAN JOURNAL OF MEDICINE AND SCIENCE IN SPORTS, 2009, 19（3）: 425-432.

[138] ABDELKRIM N B, FAZAA S E, ATI J E.Time-motion analysis and physiological data of elite under-19-year-old basketball players during competition * Commentary[J].British Journal of Sports Medicine,2007,41（2）: 69-75.

[139] CASTAGNA C, CHAOUACHI A, RAMPININI E, et al.Aerobic and explosive power performance of elite Italian regional-level basketball players[J]. Journal of Strength and Conditioning Research, 2009, 23（7）: 1982-1987.

[140] TORRES-RONDA L, RIC A, HERAS B D L, ET AL.Position-dependent cardiovascular response and time-motion analysis during training drills and friendly matches in elite male basketball players[J].Journal of Strength and Conditioning Research, 2016, 30（1）: 60-70.

[141] MATTHEW D, DELEXTRAT A.Heart rate, blood lactate concentration, and time–motion analysis of female basketball players during competition[J].Journal of Sports Sciences, 2009, 27（8）: 813-821.

[142] VENCÚRIK T, NYKODÝM J, STRUHÁR I.Heart rate response to game load of U19 female basketball players[J].Journal of Human Sport and Exercise, 2015, 10（1）: S410-S417.

[143] ATL H, ALEMDARO U, et al.A comparison of heart rate response and frequencies of technical actions between half-court and full-court 3-a-side games in high school female basketball players[J].Journal of Strength and Conditioning Research, 2013, 27（2）: 352-356.

[144] VAQUERA J A, REFOYO I, VILLA J, et al.Heart rate responses to game-play in professional basketball players[J].Journal of Human Sport and Exercise, 2008, 3（1）: 1-9, PUENTE C, ABIÁN-VICÉN J, ARECES F, et al.Physical and physiological demands of experienced male basketball players during a competitive game[J].Journal of Strength and Conditioning Research, 2017, 31（4）: 956-962.

[145] BEN ABDELKRIM N, CASTAGNA C, EL FAZAA S, et al.The effect of players' standard and tactical strategy on game demands in men's basketball[J].Journal of Strength and Conditioning Research, 2010, 24（10）: 2652-2662.

[146] SHALFAWI S A, SABBAH A, KAILANI G, et al.The relationship between running speed and measures of vertical jump in professional basketball players: A field-test approach[J].Journal of Strength and Conditioning Research, 2011, 25（11）, 3088-3092.

[147] LATIN R W, BERG K, BAECHLE T.Physical and performance characteristics of NCAA division I male basketball players[J].Journal of Strength and Conditioning Research 1994, 8（4）: 214-218.

[148] HOARE D G.Predicting success in junior elite basketball players — the contribution of anthropometic and physiological attributes[J].Journal of Science and Medicine in Sport, 2000, 3（4）: 391-405.

[149] SMITH H K, Thomas S G.Physiological characteristics of elite female basketball players[J].Canadian Journal of Sport Sciences, 1991, 16（4）: 289-295.

[150] BALE P.Anthropometric body composition and performance variables of young

elite female basketball players[J].Journal of Sports Medicine and Physical Fitness 1991, 31（2）: 173-177.

[151] HAKKINEN K.Force production characteristics of leg extensor, trunk flexor and extensor muscles in male and female basketball players[J].Journal of Sports Medicine and Physical Fitness 1991, 31（3）: 325-331.

[152] FERIOLI D, BOSIO A, BILSBOROUGH J C, et al.The Preparation Period in Basketball: Training Load and Neuromuscular Adaptations[J].International Journal of Sports Physiology and Performance, 2018, 13（8）: 1-28.

[153] DELEXTRAT A, COHEN D.Physiological Testing of Basketball Players: toward a standard evaluation of anaerobic fitness[J].Journal of Strength and Conditioning Research, 2008, 22（4）: 1066-1072.

[154] HOFFMAN JR, TENENBAUM G, MARESH CM, et al.Relationship between athletic performance tests and playing time in elite college basketball players[J] Journal of Strength and Conditioning Research, 1996, 10（2）: 67-71.

[155] CATERISANO A, PATRICK BT, EDENFIELD WL, et al.The effects of a basketball season on aerobic and strength parameters among college men: starters versus reserves[J] Journal of Strength and Conditioning Research 1997, 11（1）: 21-24.

[156] PARR R B, HOOVER R, WILMORE J H, et al.Professional basketball players: athletic profiles[J].The Physician and Sportsmedicine, 1978, 6（4）: 77-87.

[157] ARGAJOVA J, TOMANEK L.The significance of the injury prevention in relation to the knowledge level of basketball coaches in Slovakia[J].Hrvatski Športskomedicinski Vjesnik, 2011, 26（11）: 63-70

[158] 金宗强.我国优秀排球运动员专项体能评价体系与诊断方法的研究[D].北京：北京体育大学，

[159] 赵述强.我国青年篮球运动员体能和技术测试评价模型的建立[D].北京：北京体育大学，2014.

[160] 周亚林.中国优秀青年男子篮球运动员身体形态与机能状态研究[D].昆明：云南师范大学，2014.

[161] 马玉龙.青少年女篮运动员速度耐力评价方法的研究[D].福州：福建师范大学，2016.

[162] 徐建华.CUBA男子运动员比赛负荷特征及专项运动素质评价的研究[D].苏州：苏州大学，2011.

[163] 陈月亮.我国优秀短距离速滑运动员体能训练的理论与实践研究[D].上海：上海体育学院，2008.

[164] 姚旭霞.我国14～17岁优秀女子长距离游泳运动员专项体能评价与诊断研究[D].北京：北京体育大学，2010.

[165] 张楠.我国优秀女子空手道组手运动员体能特征及评价体系构建的研究[D].北京：北京体育大学，2018.

[166] 陈翀.我国U17男子足球运动员体能评价指标体系的构建和标准的建立[D].北京：北京体育大学，2016.

[167] 孙葆刚.我国优秀儿童乒乓球运动员专项体能水平现状与评价诊断研究[D].北京：北京体育大学，2008.

[168] 陆柳.国家女篮专项体能评价与诊断研究[D].苏州：苏州大学，2012.

[169] 张兴林.我国不同位置优秀排球运动员比赛负荷及专位素质特征研究[D].北京：北京体育大学，2006.

[170] 党英.河南省优秀排球运动员不同专位专项素质的主导因素研究[D].郑州：河南师范大学，2012.

[171] 王彤.我国青年女排各专位运动员专项身体素质现状分析[D].北京：北京体育大学，2017.

[172] 李静.足球运动员的位置体能特征与我国优秀女足队员比赛跑动能力的研究[D].苏州：苏州大学，2009.

[173] 谭朕斌. 篮球运动基本规律及发展特征的研究 [D]. 北北京：京体育大学，2000.

[174] 徐建华. CUBA 男子运动员比赛负荷特征及专项运动素质评价的研究 [D]. 苏州大学，2011.

[175] 张亚男，篮球运动员足踝关节功能性康复体能训练 [D]. 济南：山东体育学院，2017.

[176] 张晓丹. 中国优秀女子沙滩排球运动员体能特征及其评价体系研究 [D]. 北京：北京体育大学，2007.

[177] 曹景伟. 面向 2008 年奥运会我国优秀皮划艇（静水）运动员科学选材的理论与实证研究 [D]. 北京：北京体育大学，2004.

[178] 杨继珂. 中国高水平女子排球运动员不同专位专项体能特征研究 [C]. 中国体育科学学会.2017 年全国竞技体育科学论文报告会论文摘要汇编. 中国体育科学学会：中国体育科学学会，2017：315-316.

[179] International Basketball Federation.Inside FIBA：Rules，regulations，other docs：Basketball rules[EB/OL].[2019-3-29] www.fba.com/pages/eng/fc/FIBA/ruleRegu/p/openNodeIDs/897/selNodeID/897/baskOffRule.html.

[180] National Basketball Association.Rule No.5-Scoring and ti 分 钟 g[EB/OL].[2019-3-29] www.nba.com/analysis/rules_5.html.

[181] National Collegiate Athletic Association.Men's basketball rules of the game.[EB/OL].[2019-3-29] www.ncaa.org/championships/playing-rules/mensbasketball-rules-game.

[182] basketball[EB/OL].[2019-3-29] en.wikipedia.org/wiki/Basketball#ShootingFour corners offense[EB/OL].[2019-3-29] en.wikipedia.org/wiki/Four_corners_

[183] Four corners offense[EB/OL].[2019-3-29] en.wikipedia.org/wiki/Four_corners_offense.

[184] Princeton offense[EB/OL].[2019-3-29] en.wikipedia.org/wiki/Princeton_offense.

[185] Fast break[EB/OL].[2019-3-29] en.wikipedia.org/wiki/Fast_break

[186] Run and gun[EB/OL].[2019-3-29] en.wikipedia.org/wiki/Run_and_gun_（basketball）

[187] small ball（basketball）[EB/OL].[2019-3-29]en.wikipedia.org/wiki/Small_ball_（basketball

[188] GÜRSES V V, AKGÜL M Ş, CEYLAN B, BAYDIL B.The Yo-Yo IR2 test in professional basketball players[EB/OL].[2019-3-29] www.researchgate.net/publication/323685813_The_Yo_Yo_IR2_test_in_professional_basketball_players

[189] NIKOLAIDIS P, JULIO CALLEJA-GONZÁLEZ, PADULO J.The effect of age on positional differences in anthropometry, body composition, physique and anaerobic power of elite basketball players[EB/OL].[2019-3-29] www.researchgate.net/publication/263741253_The_effect_of_age_on_positional_differences_in_anthropometry_body_composition_physique_and_anaerobic_power_of_elite_basketball_players

[190] PION J, SEGERS V, JAN S, ET AL.Position specific performance profiles, using predictive classification models in senior basketball[EB/OL].[2019-3-29] www.researchgate.net/publication/324106919_Position_specific_performance_profiles_using_predictive_classification_models_in_senior_basketball

[191] TOOLAN M.Speed Profiling in Basketball Athletes: A Short Sprints Approach[EB/OL].[2019-3-29] www.researchgate.net/publication/330202794_Speed_Profiling_in_Basketball_Athletes_A_Short_Sprints_Approach.